日本の戦争
歴史認識と戦争責任

山田朗
Akira Yamada

新日本出版社

まえがき

改憲問題は歴史認識問題である

昨今、政界においては改憲論議が盛んである。その改憲論議の軸になっているのが、「安全保障環境」の変化（中国や北朝鮮を脅威ととらえ、それを軍事的に抑えようとする戦略への傾斜）を理由とした九条改憲論である。改憲論議には幅があるものの、多くの場合、改憲論議の土台となっているのが、戦前と戦後の日本の歴史に対する肯定・否定の評価、すなわち歴史認識の問題である。

割り切った言い方をすればこのようなことである。例えば、戦前日本の歴史（戦争・植民地支配・言論弾圧）に否定的な歴史認識を持っている人は、多くの場合、戦後民主主義に対して肯定的な認識を有し、改憲に対する志向性は強くない。それは、戦前における失敗に懲《こ》りたからこそ、戦後の日本人が日本国憲法を受け入れてきたとみなしているからである。だが、それに反して、戦後民主主義に対して否定的な認識（押しつけ憲法論など）を有している人は、改憲に対する強い志向性を有し、総じて戦前日本の戦争や植民地支配の歴史に対して肯定的な認識を示す。

もちろん、こうした二分法の考え方にあてはまらない改憲論者や護憲論者が様々に存在していることは承知している。また、戦前日本の戦争や植民地支配への肯定的な認識と言っても、それも決して一様ではない。明治期の戦争や植民地支配はよかった（うまくいった）が、昭和戦前期のそれはよくなかった（まずかった）という歴史認識はかなり広範に見られる。「司馬《しば》史観」などとも称される作家・司馬遼《りょう》太《た》郎《ろう》の歴史認識はその代表例であろう。現在、日本政界の改憲論議に強い影響力を行使している日本会議も明治時代・明治天皇・明治憲法を高く評価する歴史認識を示している。

この明治時代に対して高い評価をする歴史認識が、戦後の民主主義に対して低い評価をする認識を支え、改憲への強い志向性をもたらしている。つまり、あえて言えば、改憲問題とは、つきつめると歴史認識問題であるとまとめることができる。

明治一五〇年をどう見るか

すでにしばしば語られているように、戦争体験世代あるいは、戦争や戦時の厳しい生活を少しでも記憶している世代は、もはや圧倒的な少数派になっている。人間は昔から「歴史として書き残す」という行為を通して、先人の貴重な体験や教訓とすべきことを次世代に継承しようとしてきた。これは、自分の体験以外からも学ぶことができるという人類の英知を示していると同時に、どんなに重要な体験であっても人々は簡単に忘れ去ってしまうという大きな弱点を持っていることを自覚しているからこその行為でもある。

「何々から何年」という発想は、過去の歴史を忘却しないようにする一つの方法としてしばしば使われるが、過去の歴史（事件）の美化・礼賛に使われることもある。

二〇一八年は明治維新（一八六八年）から一五〇年、すなわち「明治一五〇年」にあたる。かつて「明治一〇〇年」（一九六八年・昭和四三年）に際しては、この年までに戦前の「紀元節」を復活させようと自由民主党は、祝日法改正案を出し続け、初の「建国記念の日」が実施されたのが一九六七年二月一一日のことであった。

それからさらに五〇年が経過した。明治維新や明治時代を再検討することは、常に必要なことであるが、すでに「明治一五〇年」や明治日本の「栄光」を強調するような企画や言説が強まっている。また、明治時代への回帰を志向するような改憲論の高揚もそうした動きを利用するものである。今日、必要なのは戦争の〈記憶〉の継承だけでなく、日本の近代化のあり方そのものの再検討である。膨張・戦争の明治時代なくして「昭和の敗戦」はなかったからである。

本書の目的と構成

本書は、平和で民主的な社会を私たちが構築していくために、何を歴史から学びとる必要があるのか、歴史の見方（歴史認識）を論ずる上で何が重要な点であるのか、といったことを明らかにすることを目的としている。掲載した文章は、未発表のものもあるが、私が過去一〇年ほどの間におこなった講演の記録や個別に発表した雑誌論文・評論をテーマにそって整理し、加筆修正を加えたものである。もともとは、文体も執筆形式も異なるものであるために、論文形式（注で出典をそのつど明示）のものと評論形式（依拠した文献などを挙げるのみ）のものが混在しているが、それは基本的にそのままとしたものの、文体は各章ごとに異なると読みにくいので統一した。

本書は、まず、第一部において近代日本がどのような戦争をおこなってきたのかを示したい。日露戦争と日中戦争を中心にすえたのは、一般に「成功事例」と思われがちな日露戦争と「失敗事例」とされる傾向が強い日中戦争の実態を知らずに、近代日本の歴史に評価を下すことができないと考えたからである。第二部において戦争や植民地支配を評価する上に不可欠な歴史認識と戦争責任問題を論じ、現代における戦争の〈記憶〉の継承のあり方についてもあわせて言及したい。そして第三部において、第一部・第二部における歴史認識論・戦争責任論に立脚して、現在の改憲論を下支えしている歴史修正主義についてその特徴と問題点を明らかにしたい。

本書が、平和と民主主義のために、差別と格差のない社会を構築するため、九条改憲と軍事大国化への動きに抗するために、日々苦悩し、行動している多くの人々に少しでも役に立つことができれば幸いである。

二〇一七年一一月五日

山田　朗

日本の戦争：歴史認識と戦争責任 ＊ 目次

まえがき　3

第一部　近代日本はどんな戦争をおこなったのか――15

第一章　日露戦争とはどういう戦争だったのか……16

一　近代日本の国家戦略――日露戦争への道　20
1　明治維新以来の日本の対外戦略　20
2　北進＝日英同盟か、南進＝日露協商か　25
3　日露の膨張戦略――利益線＝勢力範囲の拡大をめぐる衝突　26
4　日本の軍事的課題とそれへの対応　27
二　日露戦争の実像と世界史的意味　29
1　日英同盟の役割――日露戦争遂行の大前提　29
2　日露戦争が世界政治に与えた影響　35
三　日本陸軍の戦略：成功と失敗　38
1　日本陸軍の基本戦略　38

2 日本陸軍の戦略の成功（戦争前半） 40
3 日本陸軍の戦略の失敗（戦争後半） 41
四 日本海軍の戦略の成功と失敗 44
1 日本海軍の基本戦略 44
2 日本海軍の戦略の失敗（戦争前半） 45
3 日本海軍の戦略の成功（戦争後半） 46
五 『坂の上の雲』の歴史認識の危うさ 49
1 歴史上の人物になりきる司馬遼太郎の技法 49
2 司馬史観の問題点：明治と昭和の連続性を無視する歴史認識 52

第二章 満州事変と「満州国」の実態 …… 59

一 「満州国」における「五族協和」の理念と実態 60
1 「満州国」の建国 60
2 「満州国」の建国の理念としての「五族協和」 61
3 憲法・国籍法がなかった「満州国」 63

4　満州国協和会と「五族協和」の結末　65
二　反満抗日運動と「討伐」の実態　66
1　反満抗日運動の諸相　66
2　「満州国」側の「討伐」部隊　67
3　「満州国」軍警による「討伐」　69

第三章　日中戦争と南京事件の真実……72

一　アジア太平洋戦争の原因・重要な構成要素としての日中戦争　74
1　アジア太平洋戦争への道のり　74
2　世界戦争への第一段階：山東出兵・満州事変　75
3　世界戦争への第二段階：華北分離・日中戦争　77
4　日中戦争泥沼化の二つの要因　78
5　世界戦争への第三段階：日独伊三国同盟　80
二　日中戦争の性格を浮き彫りにする南京事件の真実　82
1　南京大虐殺をめぐる争点　82

2 その時、南京にいた日本兵は何を見たのか 86
3 虐殺は組織的におこなわれていた 100
4 南京事件は慰安婦問題の原点でもある 101

第二部 今、問われる歴史認識と戦争責任 105

第四章 真珠湾攻撃とは何であったのか 106
一 真珠湾攻撃への道 109
二 一九四一年一二月八日における日本軍の軍事行動 112
1 軍事行動の始まり 112
2 一二月八日の軍事的意味 117

第五章 戦争責任論の現在と今後の課題 122
一 戦争責任論の変遷 124
1 誰の何に対する責任か 124
2 〈記憶〉の時代：戦争体験者から非体験者へ 126

二　歴史修正主義の台頭　128
1　戦争責任論の展開と歴史修正主義台頭の関係性　128
2　政府答弁書による歴史修正主義的言説の権威化　130
三　戦争責任論の課題：戦争の〈記憶〉の希薄化のなかで　134
1　戦争の〈記憶〉の希薄化　134
2　戦争の〈表の記憶〉と〈裏の記憶〉　136
3　戦争責任論の課題：〈裏の記憶〉継承の契機として　138
第六章　「植民地支配と侵略」の計画性と国家の責任……143
一　「日本だけではない」「良いこともした」という言説の問題点　145
二　「アジアの独立に役立った」という言説の問題点　149
三　「領土的野心なし」という言説の問題点　154
第三部　歴史修正主義をどのように克服するか――161
第七章　日本は過去とどう向き合ってきたか……162

一　靖国神社問題と歴史認識　163
1　靖国神社とは　163
2　英霊サイクルの要としての靖国神社　165
3　慰霊の問題が、どうして国際問題になってしまうのか　167
二　日本人にとって〈歴史認識〉はなぜ大切なのか　173

第八章　政界における歴史修正主義……179

一　安倍晋三首相の歴史認識と「教育再生」　180
1　「国に対して誇りをもつ」ための歴史教育　180
2　河野・村山・宮沢談話排除のうごき　182
二　「河野談話」排除のうごきと二〇〇七年政府答弁書の問題点　183
1　「河野談話」とは　183
2　「慰安婦＝合法」論の問題点　185
三　「村山談話」排除のうごき　188
1　戦後七〇年「安倍談話」にむけて　188

2　安倍首相の「侵略」認識　189
四「宮沢談話」（近隣諸国条項）の撤廃と靖国問題　193
1　近隣諸国条項撤廃へのうごき　193
2　靖国問題との連動　194
五「安倍談話」の歴史認識：その特徴と問題点　196
六　戦後を否定する日本会議の虚構　200
1　明治時代への郷愁　200
2　偽造された「伝統」　202
3　米国に助けられた右派　204
あとがき　209
日本の戦争　略年表　213
初出一覧　217

第一部　近代日本はどんな戦争をおこなったのか

第一章　日露戦争とはどういう戦争だったのか

はじめに――『坂の上の雲』が語らない真実

失敗の種がまきつくされた日露戦争

日露戦争（一九〇四～〇五年）を描いた歴史小説の作品として司馬遼太郎の『坂の上の雲』は有名である。その時代状況を描き、かつ秋山兄弟――陸軍の騎兵部隊の育ての親であった秋山好古《よしふる》、海軍の連合艦隊の作戦参謀であった秋山真之《さねゆき》兄弟を軸に、同郷の正岡子規《しき》を配して、日露戦争がどのように戦われたのかを大きなスケールで描いた作品である。これは司馬作品の特徴の一つだと思うが、近代日本の成功事例の頂点として日露戦争があり、失敗事例の頂点としてアジア太平洋戦争が位置づけられている。司馬は自らの体験もあり、昭和の軍閥批判をするのだが、ここで考えなければいけないのは、このように二つに分けて考えていいのかということである。日露戦争は成功の頂点、アジア太平洋戦争は失敗の頂点と分けて考えることは実にわかりやすいのであるが、実は、近代日本の失敗の典型であるアジア太平洋戦争の種《たね》は、すべて日露戦争でまかれているのである。私たちは、日露戦争が、一見すると成功の典型事例に見えるが、失敗の種がそこでまきつくされたということについてもう少し考えなければならないと思う。

日露戦争に勝利することによって、日本陸海軍が軍部として――つまり政治勢力として――登場するようになった。軍の立場は、日露戦争をへることで強められ、かつ一つの官僚制度として確立した。もう一つ、近代日本の大きな失敗の種がまかれたのは、日露戦争後、日本が韓国を併合してしまったことである。それまで韓国は、日本によって植民地化されつつあったものの独立国であった。だが、日露戦争をへることで、日本と列強との間に韓国をめぐる合意が形成された。つまり日本の韓国支配を欧米列強が基本的に認めるかわりに、日本も欧米列強のアジア支配――当時、アジアはほとんど欧米列強の植民地だった――について認めるという取り引きがおこなわれたのである。

具体的には、日露戦争の終わりごろから戦争後にかけて、日本は、日英同盟の改定やアメリカとの桂・タフト協定、日仏協約、日露協約などの条約を欧米列強と結ぶ。そこに一貫しているのは、日本の韓国支配の容認である。日本の朝鮮支配を認めてくれれば、日本は、例えばイギリスのインド・マレー・シンガポール支配、アメリカのフィリピン支配、フランスのベトナム・ラオス・カンボジア支配を容認するという内容である。また、ロシアとも日露戦争後に「満州」の分割協定・日露協約を結び、南部「満州」は基本的に日本の勢力圏とし、北部「満州」はロシアの勢力圏とする線引きをした。よく日露戦争によってアジアの人たちが勇気づけられ、欧米列強の支配に対する抵抗運動が始まったという議論がある。確かに結果としてはその通りで、中国の孫文《そんぶん》、インドのネルー、後に中国共産党をリードする毛沢東たちは、若いころに日露戦争を見聞きし、勇気を得たことは事実である。だが、日本がアジアの諸民族を勇気づけることを目ざしていたわけではなく、むしろ日本は、欧米列強のアジアに対する植民地支配をほぼ全面的に容認する立場だったのである。

だからこそ、日露戦争は、欧米列強とアジア勢力の代表としての日本との戦いだったという位置づけを、アジア太平洋戦争前に、日本はあらためておこなう必要があったのである。欧米列強のアジア支配に対して日本は一貫してたたかってきたという物語が、アジア太平洋戦争の前につくられていく――日露戦争当時は、決してそういうものではなかったのである。

日露戦争の実態から見えてくるもの

　本章では、まず最初に「近代日本の国家戦略――日露戦争への道」で、近代日本の国家戦略の特徴をまとめてみたい。その後「日露戦争の実像と世界史的意味」で、日露戦争を世界史的な視点で考察する。世界的な政治力学、国際的な列強の力学を前提にしないと日露戦争は理解できないからである。日英同盟と露仏同盟、その中間にドイツ、そして世界的な列強になろうとしていたアメリカ、この欧米列強の力関係を前提にしないと、日露戦争はわからない。そして、小説やドラマ『坂の上の雲』で描かれることになる日本陸軍、海軍の成功と失敗についても触れたいと思う。日露戦争を日本陸海軍がどのように教訓化したかが、後のアジア太平洋戦争での失敗につながるのであるが、実際には、日露戦争は、陸軍も海軍も失敗に次ぐ失敗だった。ロシアの方がもっと失敗が多かったからロシアに勝てただけである。とくに戦争前半の海軍、戦争後半の陸軍は失敗続きであった。とくに陸軍は旅順《りょじゅん》での失敗が大きかった。

　最後に、司馬遼太郎の『坂の上の雲』の評価についてもふれたい。ただ小説であるから、フィクションが混じっていても、いけないということではない。しかし、『坂の上の雲』は史実であると思われているところがかなりあって、よく見ると「こんなこと、確かめようがない」ということが出てくる。例えば山県有朋《ありとも》と明石元二郎《もとじろう》が二人でどこかで密談している内容が書かれている。密談した内容が記録に残っているということはまずないわけで、それは小説家だから描くことができることである。この小説をどう読む必要があるのかについて考えたい[1]。

一　近代日本の国家戦略——日露戦争への道

1　明治維新以来の日本の対外戦略

ロシア脅威論に基づく軍備拡張

「近代日本の国家戦略」とはいったい何だったのか。明治維新以来の日本の対外戦略の特徴は、基本的には一方では、欧米列強の植民地になることをいかに回避するかということにあったのであるが、他方では、欧米列強のやり方をすぐにとり入れて、日本が対外的に膨張していくという路線をとり始めたことである。それも、国内体制を固めて、欧米列強に侵略されないようにしたうえで外に出ていくというのではなく、同時進行で外にも出て行くというやり方をとったといえる。

日本の対外膨張の一番大きな動因は〈ロシア脅威論〉である。『坂の上の雲』でも強調されているが、ロシアが南下し、朝鮮半島に進出していたため、日本にもやってくるという恐怖感が生まれ、明治以来の国家指導者たちに「ロシアに備えなければならない」という感情を強く植えつけたのである。しかし、たしかにロシアは、地政学的に日本に近く、北方から日本に近づいてきてはいたが、日本に近づいてきた列強はロシアだけではない。そもそも日本を開国させたのはアメリカであるし、中国に進出し、薩長勢力や明治維新政府に大きな影響力をもったのはイギリスである。フランスもやってくるし、ドイツもやや遅れてやってくる。すべての列強が日本に接近していたのに、なぜロシアだけが脅威に思えたのか。逆に言えば、ロシアを脅威に思うことで、そのほかの列強はあまり脅威に思われなくなっていくわけである。

それはなぜか。基本的に明治維新以来――幕末以来といっていいのであるが――、薩長勢力や明治維新政府は、基本的にイギリスからの情報で世界を見ていたからなのである。イギリスの新聞やイギリス政府からの情報で世界を見るというやり方である。現在も同じであるが、情報がどこから出てきたかで、ものの見方が変わってくる。現在の日本の場合、アメリカからの情報が圧倒的に多く、例えば反米勢力＝テロリストというイメージが流布されている。明治維新以後は、基本的にイギリス情報が大きな力を持っており、例えば新聞だと『タイムズ』、通信社では「ロイター通信」などの大きな影響力をもつマスコミが流す情報、そしてイギリス政府が日本に提供してくれる情報で、日本人は世界を見ていた。また、明治維新以来、日本には「お雇い外国人」が大勢いたが、一番多かったのがイギリス人であった。学校関係では、アメリカ人、ドイツ人が結構いたが、重要なところはイギリス人が握っていたのである。だから、知らず知らずのうちに、日本人は自分の目でものを見ているように思いながら、イギリスの目で世界を見るようになってしまっていたのである。

一九世紀後半の当時、イギリスはロシアと世界的に激しく対立していた。バルカン半島を巡ってイギリスとロシアは衝突していた。それからアフガニスタンでも、インドを植民地としているイギリスと、南下しようとするロシアが衝突していた。そして極東である。朝鮮半島を巡ってロシアとイギリスは牽制し合っていた。このイギリスの反ロシア戦略が、日本の政治家やジャーナリストの意識に影響を与えていったのである。実際には当時のロシアに、朝鮮半島まで一挙に南下し、日本に押し寄せるだけの余力は、客観的にはなかったが、日本人の多くが、ロシアを実態以上に強大に見て、恐怖に思ってしまったのである。

ロシアの脅威に備える北進論（朝鮮半島先取論）

日本の軍人や政治家のなかでは、一八八〇年代になるとこのロシアの脅威に備えるために、日本はロシアが朝鮮半島に出てくるよりも前に朝鮮半島を確保すべきである、日本から離れたところでロシアの勢いを止めるという考え方が次第に強くなる。朝鮮半島先取論ともいえる戦略論である。この時点では、まだ領土にするということではなく、朝鮮半島に対する影響力を強め、親日的な勢力を育成していくことで、ロシアが南下してきたときの防波堤とするという考え方である。しかしこの考え方は、中国と朝鮮との関係を完全に忘れた議論だったのである。実際に当時、朝鮮半島に影響力をもっていたのは中国（清国）だった。日本はロシアの南下をくいとめることを目標に朝鮮半島に影響力を強めていったのであるが、その結果、まず衝突したのが清国であった。つまり日露戦争の前段階として日清戦争（一八九四～九五年）がある。この二つの戦争は、〈ロシア脅威論〉を動因として、ひとつながりのものととらえてよいと思う。

当時の日本の国家指導者たちを強くとらえたのは、「主権線」と「利益線」という戦略発想である。「主権線」とは国境線のことで、主権線を守るために、その外側に「利益線」を引き、そこを守らないと危ないとする考え方である。この「利益線」こそが朝鮮半島だったのである。

この考え方を「外交政略論」という形で主張した人物が山県有朋であるが、けっして山県だけの特異な考え方ではなく、当時の国家指導者たちが多かれ少なかれ描いていた考え方であった。ロシアの南下に備えるため、日本は朝鮮半島に先手を打って出ていき、影響力を強めようという考え方の根拠となったのは、主としてイギリスからもたらされた〈ロシア脅威論〉で、実際、日本は朝鮮半島への影響力を強め、清国と衝突した。このあたりからイギリスは対ロシア戦略の上から国際的にはかなり日本にてこ入れする姿勢をとるようになる。

日清戦争は、日本軍が朝鮮の王宮（景福宮《けいふくきゅう》）を占領したことから始まった。その直後、清国は大急ぎで輸送船で増援部隊を送ろうとする。これを、東郷平八郎艦長の巡洋艦「浪速《なにわ》」が撃沈したところから、本格的な日清間の戦闘が始まる（豊島《ほうとう》沖海戦）。このとき日本側が撃沈した清国船「高陞号《こうしょう》」は、イギリス国籍の船で、清国が借りて、地上兵力を輸送しようとしていた。本来ならイギリスと日本の大問題となるはずだったのであるが、イギリスはこのとき、日本側は事前に警告をし、撃沈後もイギリス船員を助け――清国兵は全部沈めてしまったのであるが――たので、国際法上は問題ないと、日本に対して攻撃的にはならなかった。イギリスは日本を支援し、大陸の大勢力＝清国やロシアを抑えるという戦略をとりつつあったのである。イギリスが後ろにいて日本を使うという構図が次第にでき上がってくるのである。

引き続く日露戦争でも、ここが一番重要な点である。日本はイギリスに後ろから押されていくようになる。もちろんイギリスは、あくまでも自国のアジアでの権益をロシアに奪われないためにおこなったのである。イギリスの軍事・外交のパワーは、一九世紀半ばが頂点で、その後、次第に力が弱まっていく。そのため自分が極東に出兵するよりも、なるべく他国にやらせるという方針をとるようになる。その後も、日中戦争時には、中国でのイギリスの権益を守るために、蔣介石《しょうかいせき》政権を全面支援し、日本と戦わせるという路線をとった。このように背後にイギリスがいるという点は、当時の国際情勢を見る上で決定的に重要なことなのである。

よく欧米人には黄色人種である日本人に対する差別感があったということを強調する議論がある。しかし、「利用する」ことと差別感があることとは、別の問題である。利用できるものは何でも利用したのである。黄色人種だからと軽蔑してまともに付き合わないということではなく、日本は、使い易い存在として、イギリスに重宝がられるのである（例えば義和団事件の際にも「極東の憲兵」として、重宝された）。

2　北進＝日英同盟か、南進＝日露協商か

日清戦争から日露戦争の時期（ちょうど二〇世紀初頭）は、日本が朝鮮半島から中国・「満州」方面に「北進」するのか、あるいは日清戦争で獲得した台湾を足場に中国大陸の南の方へ出ていくのかの大きな分岐点であった。後者の南進路線は、この時期に新たに出てきた戦略論で、一九〇〇（明治三三）年に義和団事件が起きた頃が分岐点で、日本は、同年八月には台湾の対岸にある福建省厦門《アモイ》に軍隊を送り、既成事実を作ろうとした。ところがイギリスをはじめ列強から激しい抗議を受け、断念を余儀なくされる。南の方に出て行くと、日本を支援してくれているイギリスやアメリカ、そしてフランス（フランスはロシアと同盟関係にあり必ずしも日本を支援しているわけではないのであるが）と衝突する恐れがあるため、日本の国家戦略としてはイギリスの支援が期待できる北進路線を選択することになっていくわけである。

その後日本は、一九〇二年に日英同盟を締結し、はっきりとロシアとの対決路線を選択する。それまでは、日本政府のなかでもロシアと正面から対決するのか、適当なところで取引をして妥協するの

か、躊躇《ちゅうちょ》があった。とはいえ、日英同盟を結んだことは、明らかにイギリスの支援を得ながら北進することを選んだことを意味した。前述したようにイギリスは当時、バルカン・アフガンそして極東の分割を巡ってロシアと激しく対立しており、一方で、イギリス自身は、南アフリカの獲得を巡って激しくボーア戦争（第一次＝一八八〇〜八一年、第二次＝九九〜一九〇二年）を戦い、消耗していた。そのためイギリスが直接極東に大量の軍隊を送ることが難しかった。だからなおさら日本を使うという路線に傾斜していったのである。

3　日露の膨張戦略——利益線＝勢力範囲の拡大をめぐる衝突

日露戦争の原因は、日本とロシア両方にあった。ロシアは膨張主義的な戦略をとっていたし、日本も北進路線をとっていた。とくに日本は、朝鮮半島を日本の「利益線」——すぐに領土化するわけではないが、影響力を強めていく——とし、ロシアとの衝突地点をなるべく北方にもっていくという路線をとろうとした。そして日本は朝鮮の支配を固めるために日清戦争までおこなって清国の影響力を朝鮮半島から除去したにもかかわらず、今度は——日本が清国を排除したがゆえに——朝鮮にロシアの勢力が入ってきてしまった。ロシアが朝鮮王朝に働きかけ、親露派が朝鮮の中に形成された。日清戦争で朝鮮半島を確保できたかに見えたが、逆に不安定になってしまったのである。それがまた日本の焦りの元になったといえる。

ロシアはロシアで、「満州」への優越権を確保し、さらに「満州」を安定的に確保するために朝鮮にも影響力を行使した。つまり日本とちょうど逆の方向のことを考えていたわけである。日本は朝鮮を確保するために「満州」に影響力を強めていこうと考え、ロシアは「満州」を確保するために朝鮮に影響力を強めていった。

4　日本の軍事的課題とそれへの対応

しかし、日本は単独ではロシアと戦えないので、日英同盟を結び、ロシアと対立・対決する路線をとったのである。

日本海軍は総兵力ではロシア海軍に劣っていた。そもそも当時の日本では、戦艦や装甲巡洋艦など、当時の主力艦を、自前で建造できないという大きな問題点があった。これをイギリスから全面的に支援を受けることで解決する（開戦時の戦艦六隻すべて、装甲巡洋艦六隻のうち四隻がイギリスから購入したもの）。またロシア艦隊は、トータルでは日本よりも圧倒的に大きかったが、バルト海のバルチック艦隊、黒海艦隊、そして太平洋艦隊（旅順とウラジオストックに分かれていた）の三つの艦隊に分散しているので、それぞれを各個に撃破するという考え方で日本側は臨んだ。

日本陸軍も、総兵力で圧倒的にロシア陸軍よりは少ない。兵器や弾薬の生産力でも劣っている。そもそも財政規模がロシアとは圧倒的に違う。日本がこの対ロシア戦争を一国で全てまかなうということはほとんど不可能であった。だから、なるべく短期間に戦争を終わらせなければならなかった。日本側の主観的な意図、目標としては、速戦即決を図り、生産力や財政の弱点はイギリスの支援で何とか補おうと考えたのである。またロシアは総兵力では日本よりはるかに大きいが、極東への陸軍力の輸送をシベリア鉄道一本に頼っているので、大兵力を一度に送ることができない。日本側としては、ロシア陸軍が南下してくればそこで大きな打撃を与え、さらに増援部隊が送られてくればその都度たたいていくという形で、なるべく「満州」にいる日本軍と南下してくるロシア陸軍の兵力の格差を開かないようにするのが、基本的な考え方であった。

ところがこの考え方は、結果としてはうまくはいかなかった。野戦においてロシア陸軍力に決定的な打撃を与えることはできなかったのである。日本軍は、土地は占領するが、ロシア軍の主力に大打撃を与えるということができず、ロシア軍は後退しながら増援部隊を得て、どんどん大きくなっていった。純粋に軍事的にいえば、極東のロシア陸軍は日本陸軍を圧倒できるだけの戦力を蓄積しつつあった。これ以上戦力格差が大きくなると、日本軍がもちこたえられないという段階で、ロシア国内で革命運動が広がり戦争が継続できなくなったために、戦争が終わったのである。また、フランスがイギリスに取り込まれ（英仏協商の成立）、ロシアを財政的にささえていたフランスの金融資本とのパイプが切断されてしまう。イギリスは、そういう形で外交力を発揮していたのである。

二　日露戦争の実像と世界史的意味

1　日英同盟の役割――日露戦争遂行の大前提

戦争資金の調達

次に日露戦争の全体像についておさえておこう。日露戦争では、例えば二〇三高地や日本海海戦という局部的な戦いも重要ではあるのであるが、まず大きな国際的な力学をおさえておかないと日露戦争はわからないからである。

まず、これまでも強調したように日英同盟が、日本がこの戦争を遂行できた最大の前提であった。戦争はいくら軍人が勇敢であったとしても、戦費が調達できないと、武器弾薬を調達することができず、継続することができない。戦争中で、いくら国が外国と戦争をやっているからといっても、兵器メーカーに代金を支払わないで武器弾薬を調達するということはできないからである。しかも、当時、日本は自前で生産できない武器があり、外国から武器弾薬をかなり買わなければならなかったからなおさらである。

この資金をどうしたのか。資金面の調達は、日本国内での増税と国債発行だけでは、どうにもならなかった。日露戦争の戦費（当時の国家予算の六倍にあたる一八億円）の四割は外国からの借金で、これがなかったら戦争はできなかったのである。そのお金を貸してくれたのがイギリスとアメリカである。最初にイギリスが日本の外債、つまり日本が発行する国債を買い、日本はなんとか戦費を調達することができた。次にアメリカの一企業、クーン・レーブ商会というユダヤ系の金融資本が日本の国債を買い、日本は戦争を継続することができた。これらの借金をおこなったのが『坂の上の雲』にも出てくる高橋是清《これきよ》で、高橋はイギリスに行き、アメリカに行き、必要な戦費と戦争後の復興に必要な費用を調達してきた。日本はこのお金で大急ぎでイギリスやドイツの兵器メーカーから武器弾薬を購入し、日本本国に送り、これが到着するとやっと「満州」では一作戦できるという薄氷を踏むような戦いだったのである。この日露戦争の功労者である高橋是清が、のちに二・二六事件で陸軍の青年将校によって殺されたのは何とも皮肉であるが、士官学校で日露戦争について学んだはずの青年将校たちは、日露戦争のからくりを知らなかったのである。

海底ケーブル網の完成と情報の提供

イギリスの日本に対する支援で重要だったのが情報の提供である。ロシア軍がいまどういう状況であるのかという軍事情報を日本に提供した。イギリスは一九〇二年、日英同盟を結んだ年に、世界の植民地や主要国との間の海底ケーブル網を完成させている（その構築にイギリスは五〇年を要している）。海底ケーブル網によってロンドンと世界中がほぼ瞬時につながったのである。当時の海底ケーブルは、電話ではなく、モールス信号による有線電信であるが、当時としては画期的で、世界が海底ケーブルによって全部つながり、情報がほぼ瞬時に世界どこでも届くようになった。極東で日本が戦果を上げると、ほぼ一日遅れくらいで欧米で新聞記事になる。日本が勝ったという情報が流れると日本の外債は売れるので、そういうタイミングを見計らって日本側は国債を発行した。例えば最初の外債発行のときは、鴨緑江《おうりょくこう》の渡河《とか》作戦という日本陸軍が最初にロシアとおこなった本格的な地上戦闘があり、日本側は成功するのであるが、それが海底ケーブルを使って瞬時に伝えられてニュースになり、国債を買おうと思っていた人たちの間で、日本が優勢に戦争を進めているのだから日本の国債を買ってもいいではないかという気分が広がった。日本の国債は、日本が戦争に負ければ、紙くずになってしまう恐れがあり、買い手は躊躇する。だが、巧みに日本に有利な情報のみが市場に流され、国債が売れることになった。このような形で、情報と戦争遂行が密接に結びつき始めたのは、この日露戦争からだと言える。一〇年前の日清戦争のときは、ヨーロッパの新聞では、一週間や一〇日遅れで、ニュースが流れるのみだったのが、日露戦争ではほぼリアルタイムで情報が流れるようになった。この点は重要なことだと思う。

またバルチック艦隊をイギリスの軍艦が追跡し、港、港で海底ケーブルを利用して、いまバルチック艦隊はここまで来ているという情報を伝えた。直接、日本に伝えなくても、イギリス本国に伝われば、新聞記事になり、世界中に伝わってしまう。これはまだその真偽のすべてが明らかになってはいないが、ヨーロッパでいろいろな情報工作、情報収集をやっていた明石元二郎は、イギリスといっしょになって攪乱工作をやっていたと思われる。バルチック艦隊は、極東への出港直後、イギリス沖でドッガーバンク事件という、イギリスの漁船を日本の水雷艇と間違えて砲撃する事件をおこした。イギリス近海に日本の水雷艇が行っているわけがないのに、ロシア艦隊が疑心暗鬼にかられてイギリス漁船を砲撃した背景には、日本とイギリス側がロシアに対して明らかに偽情報を流していたことがあると考えられる。バルチック艦隊は、この事件で、当時のヨーロッパの新聞から「狂犬艦隊」などの言い方で批判されていくようになっただけでなく、その新旧雑多な艦艇の構成や乗組員の錬度の低さなどが暴露されていったのである。

兵器や銃砲弾の調達

情報の面だけではなく、物資の面でもイギリスの支援は大きなものがあった。日本海軍の艦艇で当時主力のもの（戦艦や装甲巡洋艦などの大型艦艇約二〇万トン）のうち七〇％、つまり二七頁でも一言したが、主力の戦艦六隻すべてがイギリス製であった。現在でも戦艦「三笠」が横須賀に保存されているが、これもイギリス製である。装甲巡洋艦八隻（開戦時六隻）のうち四隻がやはりイギリス製で、最新鋭のものであった。日清戦争の頃に日本がもっていた軍艦は世界的に見るとかなり見劣りのするものだったのであるが、日露戦争のころには、イギリスが全面的にてこ入れしたために、世界で最も水準の高い軍艦を保有していたのである。一方、ロシアは、自国で戦艦を建造できたのであるが、ロシアの軍艦はフランスの影響を受けたために、地中海とかフランス近海でたたかうという考え方にもとづいた内海向きの設計思想で、外洋での海戦に向かないスタイル（低舷型）だったのである。日本海海戦のような「天気晴朗なれども波高し」のときには、ロシア艦は、副砲（主砲以外の舷側《げんそく》〈船の側面〉に設置された大砲）の砲室のなかに波が入り、日本側の外洋型イギリス戦艦（高舷型）に対し不利を強いられたのである。

また、日本陸軍が戦時中に発注した銃砲弾の約半分はイギリスのアームストロング社やドイツのクルップ社などに発注されたものであった。ドイツは、敵国であるフランスと対峙するにはロシアに協力するのが有利か、イギリスに協力するのかで、戦略がぶれていたが、一定の局面ではこのように銃砲弾を供給し日本を支援もした。逆に、バルチック艦隊が極東に向かう時に、随伴して軍艦の燃料であった石炭を供給したのもドイツ船である。

フランスは「中立」の立場だった。というのは、バルチック艦隊の航路にはロシア領がなく石炭の補給は地上からできなかった。だから、同盟国のフランス領に立ち寄って補給すればよいのだが、イギリスが「フランスは中立に反している」と抗議をするため、表立って支援できなかったのである。

なお、ロシアがドイツ船から海上で給炭する作業は大変なもので、水兵が袋を背負い、タラップをのぼって石炭を補給することになる。多くの水兵がそれを何度も繰り返さなければならなかった。日本に近づいた上海沖で最後の石炭補給があったので、ロシア艦隊の水兵たちはかなりの疲労状態で日本海海戦にのぞむことになったのである。

なぜイギリスは日本を支援したのか

しかし、このようなイギリスによる日本への支援も、あくまでもロシアを「満州」に進出させないためのものであった。イギリスにとっては、日本が大勝して「満州」を独占してしまうことになるのも困る。そのためイギリスは、日本海海戦直後にロシアに接近し始め、これ以上日本との戦争を続けると元も子もなくなるから、もう戦争をやめた方がいい――つまりロシアがある程度「満州」で力をもっているうちに、講和した方がいいと説得をし始める。これは、イギリスにとっても日本の勝ちすぎがよくないことだからである。そこが帝国主義時代の大国のドライなところである。

イギリスがスタンスを変えると、日本は戦費も調達できない。無理やり戦争を続けても、有力な支援が受けられないということになり、形勢そのものも逆転されてしまうかもしれない。そうなると、日本としては戦争をやめるという決断しかできなくなる。

2　日露戦争が世界政治に与えた影響

アメリカの講和斡旋の意図

アメリカが日露の講和の斡旋をしたが、アメリカの意図もイギリスと同じだったといえる。ロシアが中国・「満州」に進出することを防ぎたいが、日本の勝ちすぎも防止したいということである。だから日本海海戦後に、アメリカは積極的に講和の斡旋をする。アメリカ側は、日本が決定的でない形で戦争に勝ち、ロシアもある程度北部「満州」に勢力をもっているという「満州」を巡る勢力均衡状態の間に入って、「満州」進出をすすめる戦略だったのである。

ところが、日露戦争が終わって一ヵ月後の一九〇五年一〇月に、日本はアメリカの鉄道王ハリマンによる「満州」における鉄道共同経営案に一度は合意しながら（桂・ハリマン覚書）、すぐに態度を変えて反故にするにいたっただけでなく、後にはロシアと日露協約を結んで手を結び、南部「満州」は日本、北部「満州」はロシア、という具合に「満州」を分割してしまい、アメリカは参入できなくなった。ここから日本とアメリカとの関係は悪くなっていくのである。

日露戦争のときに、日本とアメリカは良好な関係だったのが、次第に関係が悪くなっていくのは、日本がロシアと裏で手を結んでアメリカが「満州」に入ってくることをブロックしてしまったからなのである。そのころになると、イギリスもロシアと協約を結んでいて（英露協約）、アメリカが「満州」に入ってくるのを阻止する。こうしてアメリカは、対日感情をいっそう悪化させ、日米関係が悪化していった。

世界の対立構図の変化

世界的に見ると、ロシアにおける革命運動の勃発が、ロシアが戦争を継続できなくなった最大の要因である。しかし、もともとロシアが日露戦争に踏み切った一つの要因には露仏同盟があり、場合によってはフランスが支援してくれることをロシアは期待していた。ところが、そこにくさびを打ったのがイギリスである。日露戦争中、英仏協商をイギリスとフランスが結び、フランスがイギリスに取り込まれていく（フランスは対ドイツ戦略上、イギリスと提携した）。フランスが全面的にロシアを支援することができなくなったことが、日本が日露戦争を続けられた要因であった。もしフランスが本格的にロシアを支援することが可能だったならば、日本側はかなり苦戦したはずである。結局、フランスとロシアとの同盟関係は、イギリスがそこにくさびを入れたことで、有名無実化してしまったのである。

こうして世界的な対立の枠組みを、イギリスが次第に自分有利に再構築していったために、そこでうまく日本は立ち回ることができたのである。戦争が終わったあとに、その構造変化がはっきりと現われてくる。つまり、日露戦争中にイギリスはフランスを取り込み、そして日露戦争の直後にロシアも取り込む。イギリス、フランス、ロシアが一つのブロックになってドイツと対決するという構図――第一次世界大戦の構図――ができ上がったのである。第一次世界大戦（一九一四～一八年）は、日露戦争中からその直後にかけて、その対立構図ができ上がり、その後わずか一〇年で開戦の火の手があがることになるのである。

三　日本陸軍の戦略：成功と失敗

1　日本陸軍の基本戦略

日本の陸軍は、日露戦争においては、旅順攻防戦で何度も悲惨な失敗をくり返すが、戦争前半においては、朝鮮半島の制圧や遼東《りようとう》半島への無血上陸作戦など、比較的戦いとしては上手く進めていく。もともと日本陸軍が考えていた戦略は、先手をとって、極東ロシア陸軍を、南方の旅順方面と北方の奉天《ほうてん》方面に完全に分断し、各個に撃破するというものであった。そして北方のロシア軍の主力に打撃を与え、相手が増援されるたびに、その都度打ち破っていくという戦略を構想していた。

日露開戦前の日本陸軍は、ドイツから学んだ火力主義（なるべく鉄砲や大砲の弾を集中的に使うことで相手に打撃を与える）と機動戦（陣地戦ではなく、なるべく動き回って相手の退路を遮断したり包囲したりする）によって、あわよくばロシア陸軍の主力を包囲、殲滅《せんめつ》するという戦略を考えていた。まさに速戦即決を旨とする分進合撃《ごうげき》と言えるもので、いくつかの部隊に分かれて共通の目標を攻撃するというものである。そこでは、スピードと部隊の相互連携が最大の武器であった。

そのためには、部隊間の情報コミュニケーションが重要で、当時としては画期的な有線電信・電話の活用が図られた。部隊が進んでいくのとほぼ同じスピードで電柱を立て、電信線を敷くのである。移動する部隊どうしを横に電信線でつなぐことは難しいので、司令部と各部隊の間に電信線を引き、相互の連携を図っていく。バラバラに分かれて一つの目標を攻撃するときに、それぞれが勝手に攻撃するとタイミングが合わなかったりして非効率である。しかし、それぞれが満州軍総司令部との間に電信線を敷いて、相互に連携をとって攻撃したわけである。これが日本陸軍成功の最大の要因でもあった。

一方、ロシア軍は、数的には優勢であったが、相互連携がなく、バラバラで、それぞれが自分の部隊の損害を減らすために、ほかの部隊に頑張ってもらいたいと考えていた。この電信線を使って巧みに相互の連携を図りながら戦った日本軍と、バラバラに戦ったロシア軍というのが、成功と失敗の大きな分かれ目だったのである。

2　日本陸軍の戦略の成功（戦争前半）

　戦争前半における日本陸軍の戦略・作戦の成功例を具体的にあげれば、まず一九〇四年の第一軍による朝鮮半島の早期制圧、海路からの南部「満州」への進出（上陸と北上）があげられよう。第一軍が、鴨緑江を渡河したのが五月であるが、前述（三一頁）したようにこれは日本の外債募集に良い影響を与えた。第二軍の遼東半島無血上陸も日本側としては成功である。ロシア側の地上戦略は、撃って出るよりはなるべく相手がやってくるのを待つという戦略で、北方にロシア軍の主戦力を蓄積した上で、日本軍を迎え撃つというものだったのである。本来、上陸作戦は、成功させるのが難しい作戦である。ところが、ロシア側は積極的に出ることをさけ、日本軍の上陸をまったく妨害しなかったのである。

　日本軍の前半の成功として特徴づけられるのが、前述した部隊間の相互連携である。これこそ、司馬遼太郎『坂の上の雲』に出てこない話である。この小説を読むと、日本軍は巧みに連携がとれていて、どうやって連絡していたのだろうと疑問をもつのであるが、肝心なことがカットされている。実際には、当時イギリスなどから派遣された新聞記者が、日本側の電信線の設営や野戦電話を盛んに写真に撮り、記録に残しているのである。近いところは電話などを使って会話するなど、当時のハイテク技術を活用した戦いに、イギリス人も注目していたのである。ところが、日露戦争後に日本で出版されたものには、この点は秘密にされ、ほとんど出てこない。日本側にしてみると、秘密にして記録に残さないうちに、日本人自身が忘れてしまう、あるいは軽視してしまうということが起きてしまったのである。いずれにしても、情報伝達のテクノロジーについて、当時はかなりエネルギーを注ぎ、陸軍でも、連合艦隊でも、かなり重要視していたのである。

3　日本陸軍の戦略の失敗（戦争後半）

日本陸軍は、戦争中盤から後半にかけて、戦略の失敗があらわになっていく。まず、戦争中盤、一九〇四年八月からの旅順戦が大変な苦戦となる。『坂の上の雲』では、旅順攻略が上手くいかなかったのは、乃木希典《まれすけ》第三軍司令官が無能だったためと読めるのであるが、実際には、誰がやっても同じだったというのが実情であろう。旅順の強固な要塞を破壊できるだけの方法が日本側にわかっていなかったからである。

最終的には日本国内にあった要塞砲である二八センチ榴弾砲などを持ちこんで、戦局を変えるのであるが、それもずいぶん後になってからであるし、要塞の地下に時間をかけて坑道を掘り、相手の要塞を下から破壊するのが確実な方法だったのであるが、日本軍中央は、とにかく攻略を急がせたため、こうしたやり方は当初はとれなかった。そうなった事情は、当時、ロシア側が、バルト海のバルチック艦隊を太平洋に回航させる計画を立てており、日本側も、イギリス情報でバルチック艦隊がどこにいるのかの情報を常につかんでいたのであるが、軍中央は、一番最悪（最速）のことを考えて、過剰に危機感を煽って、第三軍に旅順攻略を急がせた。

大本営の最初の予想は、一九〇四年五月にバルチック艦隊が編成され、すぐに出航し九月ぐらいに日本周辺にくるというスケジュールであった。ところが、実際にバルチック艦隊が出航するのは一〇月になってからである。その後も、バルチック艦隊の進行は、ロシア側の不手際で遅れたにもかかわらず、日本側は、すぐに来ることばかりを想定して、旅順要塞を早く落とせとせっついたのである。そのために、弾薬が十分蓄積できないうちから攻撃する、坑道などの掘削が進まないうちに作戦を開始して、大損害を被るということをくり返すのである。乃木希典にしてみれば、成功するだけの十分な条件を与えられないままで、作戦遂行を強要され、急がされ、手の打ちようがなかったのである。これが旅順戦で一万五三九〇人の戦死者、四万三九一四人の負傷者、約三万人の疾病患者を出すなど犠牲をいたずらに増やしてしまった根本的な原因なのである。だから乃木が無能で、児玉源太郎が最初から指揮をとっていれば上手くいったという話では決してないのである。

北部戦線では、九月に遼陽《りょうよう》会戦があり、その後、沙河《さか》、黒溝台《こっこうだい》、奉天と地上戦闘が続く。これらの会戦で日本側は土地の占領には成功する。確かに、陸戦においては勝利はしているのであるが（ロシア軍を後退させ、土地は占領している）、一番肝心な戦略目標であるロシア陸軍の主力に大打撃を与えるということが達成できなかったのである。もともと、日本軍の戦略は、前述（三八頁）のようにロシア軍の主力に打撃を与え、相手が増援されるたびに、打ち破っていくというものであったが、日本軍の占領地域が拡大したにもかかわらず、ロシア軍は常に増えつづけていくのである。

その最大の要因は日本軍の銃砲弾不足であった。だからロシア軍に徹底的な打撃を与えることが常にできなかった。最大の陸戦であった奉天会戦でも、本当だったら奉天から撤退していくロシアの大軍に、追撃をかけたり、あるいは砲撃を加えて、徹底的な打撃を与えることが狙い目だったはずにもかかわらず、ロシア軍が奉天から撤退していくのを、日本軍は眺めているしかなかったのである。目の前にいるロシア軍を攻撃する砲弾も銃弾も欠乏し、なんとか奉天を確保はしたけれど、それ以上追撃することはできなかったのである。

四　日本海軍の戦略の成功と失敗

1　日本海軍の基本戦略

日本海軍は最初、先手をとって、ロシアの太平洋艦隊（その主力は旅順艦隊）を撃滅、あるいは封じ込めることを狙った。さきほどふれた陸軍の前半の作戦は、すべて黄海《こうかい》の制海権を獲得しないと上手くいかないものであった。そのためまず黄海の制海権を握るというのが日本海軍の最初の考え方である。そしてバルチック艦隊などの増援ロシア艦隊が派遣されれば、増援されるごとに撃破する――陸軍と同じように各個撃破するという考え方だったのである。

日本海軍は、ハードつまり兵器の面では、日露戦争開戦時には、ロシアの太平洋艦隊（旅順艦隊）に比べて、戦艦数では劣勢であったものの、最新鋭の装甲巡洋艦をあわせれば、やや優勢な状態にあった。それを生かし、まず、旅順艦隊を撃滅する。そのためには旅順港にいる相手を誘い出して、日本側の戦力を集中してロシアの主力艦艇を撃滅する、あるいは相手が出てこなければ完全に旅順港を封鎖して、相手が出られないようにしてしまうという作戦を立て、黄海の制海権獲得をめざした。

2 日本海軍の戦略の失敗(戦争前半)

ところが日本海軍の失敗は、この戦争の前半にあった。旅順艦隊は出てこなかったので、それを撃滅することができず、また、旅順港の封鎖にも失敗した。そのため旅順艦隊が、いつ何時出てくるかもしれないという危険な状況がずっと続いてしまったのである(結果的に、旅順艦隊が戦力温存策をとったため、黄海の制海権は脅かされず、陸軍の上陸・北上作戦は成功することになるのであるが)。

典型的な失敗事例としては、有名な旅順閉塞戦がある。「軍神・広瀬中佐」を生んだ旅順閉塞戦は、一九〇四年の二月、三月、五月の三回にわたっておこなわれるが、犠牲のみ多く、旅順港の閉塞もできず、まったくの失敗に帰した。

逆に閉塞に失敗しているあいだに、日本海軍の損害が拡大する。五月には旅順沖で戦艦「初瀬《はつせ》」「八島《やしま》」が触雷(機雷に接触)して沈没、当時六隻しかなかった戦艦のうち二隻を喪失するという大打撃を被る。日本艦隊は、旅順港の外から砲撃をして、港内にいるロシア艦隊に打撃を与えようとしたのであるが、中の様子がわからないため、なかなか当たらない。一方、日本の艦艇が同じようなコースばかり通って来るため、ロシア側は夜のうちに機雷を仕掛け、それに触れて戦艦二隻が沈没してしまったのである。

日本側も、その一ヵ月前に機雷でロシア側の戦艦一隻を沈没させている。ロシア側にとって不幸（日本側にとっては幸運）だったのは、この四月のロシアの旗艦ペトロパブロフスク沈没の際に、ロシア側の、それまでとは一転した積極方針をとるために任命されたマカロフ司令長官が戦死してしまったことである。ロシア側は再び、戦力温存策に転換せざるをえなくなる。しかし、日本側も、四月から五月にかけて、艦艇の触雷や衝突が頻発し、まともに戦っていないにもかかわらず、じわじわと戦力が減ってしまうやっかいな事態となったのである。

八月になって、ようやくロシア艦隊が旅順から出て、ウラジオストックに向かおうとして黄海海戦がおこるが、この時も、出撃した旅順艦隊を日本艦隊は捕捉できずに、結局ロシア艦隊は旅順に戻ってしまうのである（ただし、ロシア側司令長官戦死、戦艦一隻は中立国に逃走）。

3　日本海軍の戦略の成功（戦争後半）

日露戦争の前半、ウラジオ艦隊の装甲巡洋艦三隻が、神出鬼没のゲリラ戦を展開し、日本の輸送船多数を撃沈するなど、日本海軍は、ウラジオ艦隊の跳梁跋扈《ちょうりょうばっこ》に翻弄され、悩まされていた。一九〇四年八月、そのウラジオ艦隊が、旅順から出た旅順艦隊を支援するために朝鮮の蔚山《ウルサン》沖にやってきたのである。日本側（上村彦《かみむらひこ》之《の》丞《じょう》中将が率いる第二艦隊）はそれをとらえて蔚山沖海戦が起きるのであるが、ついにここでロシア側の装甲巡洋艦リューリックを撃沈する。日露戦争開戦後、初めてロシア側の大型艦を砲撃戦によって撃沈したのである（それまでは機雷で沈めたというのはあるのであるが）。この海戦では、ロシアの他の装甲巡洋艦二隻も大破し、以後、戦線に復帰できず、日本側を大いに悩ませたウラジオ艦隊は壊滅したのである。

蔚山沖海戦は、一万トンクラスの大型艦といえども、集中的な砲撃を受けることによって沈むことを世界的に立証した海戦となった。日本海軍も、ここで初めて教訓を得て、その教訓がのちの一九〇五年五月の日本海海戦で生かされ、遅れてやってきたバルチック艦隊を壊滅させることになるのである。その意味でもこの蔚山沖海戦が一つの転換点でもあった。

『坂の上の雲』では、天才的な参謀である秋山真之が、最初からすべてを見通して立案していたかのような書き方をしている。しかし、東郷・秋山が指揮した黄海海戦での失敗（旅順艦隊主力をとり逃がし、しかも一隻も撃沈できず）で苦汁をなめ、上村が指揮した蔚山沖海戦での成功に学んだからこそ、日本海海戦の成功はあったのである。

日本海海戦は成功ではあったが、必ずしもその真相が伝えられたわけではない。例えば、日本海海戦ではT字《ティーじ》（丁字《ていじ》）戦法が使われたと言われている。しかし、実際には連合艦隊が予定していたT字戦法は使われなかったのである。もともとの作戦では、機雷を海に投じて、無理やりロシア艦隊のコースを変えさせるという作戦だったのであるが、「天気晴朗なれども波高し」という風が強くふく天候では、機雷を海中に投げ込めば逆に自軍の艦隊をも危険にするとその作戦は中止されるのである。しかし、臨機応変な対応とロシア側の失策で、結果としてT字戦法と同じような形にもっていくことができ成功するのである。そのことを、のちに日本海軍は、あらかじめ考えていた作戦で勝利したと総括し、戦術至上主義に陥っていくのであるが、実際は、必ずしもそうではなかったのである。

日本海海戦は、日本側は蔚山沖海戦での経験を総括し、十分な訓練と艦艇の整備をおこなって臨んだ海戦であった。それに対してロシア艦隊は、約八ヵ月にわたる航海で、艦艇も傷み、組織的な訓練もできず、しかも上海沖で最後の給炭をおこない、水兵たちは疲労が極度に達していた状態で日本海海戦が起きる。その結果、大きな差が出てしまったのである。

五　『坂の上の雲』の歴史認識の危うさ

1　歴史上の人物になりきる司馬遼太郎の技法

司馬遼太郎『坂の上の雲』は、確かによくできた小説である。司馬の小説全体に言えることであるが、登場人物のキャラクターの設定が、まったくのノンフィクションということでも、すべてがフィクションであるということでもなく、史実・史料にもとづいた部分も相当ふくまれ、もちろん小説であるからフィクションが混ざりあいながら構成されている。もともと新聞連載が元になった小説なので、例えば秋山真之とはこういう人物だったという性格規定を短文で何回もおこなっている。本を読むと、同じような表現で、秋山真之や明石元二郎はこういう人物だったという言い方が随所に出てくる。すると読み手は、だんだん、秋山や明石はこういう人物だと理解するようになる。

そして小説であるから、その人物が、本当は言わなかったことでも、言いそうなこと、言ったに違いないと想像されるような台詞が配されて書かれている。あらかじめ、この人物はこういう性格なのだということが読者の頭に入っているので、そのような発言が出てきても、不自然さ、違和感なく読めるというわけである。司馬遼太郎は、たぶんいかにして自分が歴史上の人物になり切るかということについて苦心して小説を書いたのだと思う。

私は大学の文学部日本史学専攻で教えているので、入学してくる学生も日本史が好きという人が大半である。面接などで学生に「今までどんな歴史の本を読んだことがありますか」と聞くと、返ってくる答えには、けっこう『龍馬がゆく』や『燃えよ剣』、『坂の上の雲』などが含まれている。学生たちは司馬の小説を歴史の本として、そこには史実が書かれていると認識していることが多いわけである。私の授業でも「先生、明石元二郎はこんなふうに言ったんですよ」とわざわざ教えてくれる学生がいるが、それは明石元二郎が言ったのではなく、司馬遼太郎が言っているのである。それくらい不自然さなく司馬の小説世界に引き込まれてしまうのである。

創作された部分が入ることは、小説であればそれは当たり前のことであり、私が文句を言う筋合いではない。テレビドラマでも、当然同じ手法がとられることになる。実際に歴史上の人物がどんなことを言ったかはよくわからないのが当たり前である。古くなればなるほど正確な情報はわからないし、近代でもわからないことはたくさんある。この人物はこういう性格だと強く印象づけられていると、その台詞が本当の発言に聞こえてくる。視聴者はその流れのなかで本当の歴史であるかのように見てしまいがちである。

しかも映像化されたものには、いっそうのインパクトがある。本当は見たこともないことでも、イメージ化できるからである。例えば、大河ドラマで繰り返し戦国時代が描かれるが、実際の戦国時代の合戦など誰も見たことがないのに、見たような気になり、戦国時代の合戦はこういうものだというイメージができあがる。しかし、実像はそのイメージと違うと指摘する歴史学者もいる。戦国時代の合戦は、接近して刀で斬り合うといったことはほとんどおこなわれず、弓矢などの飛び道具が中心だったようである。鉄砲が急速に普及するのも、弓よりも鉄砲が兵隊の養成に時間がかからないため、また、なるべく離れて戦いたいという心理にかなう武器であったために、急速に弓矢にとってかわったのだ。

江戸時代に、「飛び道具は卑怯」という新たな武士道がつくられたために、戦国時代も接近戦で刀と槍で戦っていたと思われがちである。たしかに槍は使われていたが、刀を使うのは、戦いの最後で、刀は首を取る道具だったのである。大河ドラマでは合戦シーンは、いきなり刀で渡り合うように描かれることがあるが、実際は遠いところから弓を射、鉄砲を撃ち合うのが普通の形だったのである。

実は、この接近戦闘を重視する合戦のイメージは、日露戦争によって、日本ではもともと槍や刀で斬り合う白兵戦を重視していたという「伝統」が定着することによって、形づくられたものである。

日露戦争前後に、参謀本部編纂で『日本戦史』という戦国時代の合戦を描いた本がつくられるが、この本は、あまりいい史料を使って書かれてはおらず、江戸時代の講談本のようなものまで使われている。しかし参謀本部という「戦争のプロ」が編纂したことで、権威あるものと受け取られた。この『日本戦史』が元になって、さまざまな歴史小説が書かれ、それが映像化されるのである。つまり、日本陸軍の都合にあわせてつくられた合戦のイメージに基づいて映像化がおこなわれて、私たちは戦国時代の合戦を見たような気になっているのである。

テレビ番組での『坂の上の雲』では、日本海海戦や奉天会戦などの大規模な戦闘を、これまで映像化できなかったようなシーンまでＣＧ技術を使って映像化された。史実にフィクションを交えたものが、一人歩きをはじめ、それがもとになって新たな歴史認識が形成されていく危険性は軽視できない。そこが映像化の影響力の大きさであり、恐ろしさでもある。

2　司馬史観の問題点：明治と昭和の連続性を無視する歴史認識

冒頭でふれたように、司馬遼太郎の歴史認識には、明治は成功の時代でその頂点は日露戦争、昭和は失敗の時代でその頂点がアジア太平洋戦争というものがある。司馬の個人的体験でも、学徒出陣で、本土決戦のための戦車兵だったことがあり、そのことをエッセーにも書いている。昭和の戦争に対して、批判的な検討やコメントがたくさんあり、同時代人の共感を生んだ。

しかし、昭和の戦争、日中戦争以降の戦争の無謀さや侵略性への発言と、常に対になっている明治の戦争については、かなり実像に近いところまで描かれてはいるが、明治時代の人間の目で再現しようとしたがために、逆に同時代人には見えなかった国際的な政治力学――日本の後ろにイギリスがあったこと、イギリスやアメリカの思惑の中で戦っていたことなど――が希薄になっている。その時代の人になり切って歴史を描こうとした司馬の作品は、その部分がどうしても希薄である。

私たちは、現代人の目で日露戦争は何であったのかを見ることが必要である。当時の人には見えなかった、「主権線」と「利益線」の発想が、朝鮮半島を確保し、併合して植民地にしてしまったこと、さらにそのことが、その外側に新たな「利益線」が必要になり、大陸への膨張がその後止まらなくなっていくこと、などを見る必要がある。

さらには、当時の明治の国家の指導者たちは、列強とのいろいろな利害調整をおこなっているのであるが、それは決してアジア代表で交渉したということではなく、欧米列強のアジア支配を容認することを大前提にしての議論である。そういう日本の姿は、後に消されてしまう歴史である。アジア太平洋戦争に近づけば近づくほど、日露戦争は欧米のアジア支配を打ち破るための戦争だったのだという位置づけがなされてしまう。

司馬遼太郎は、巧みにさまざまな視点を導入して、作品をつくっている。かなり庶民に近いところからの目線で書いたものもあるが、『坂の上の雲』など、児玉源太郎ら当時の国家や軍指導者たちの視線で書いたものも多い。その時代の国家指導者たちの目で歴史をとらえてしまうのである。大国どうしのいろいろな駆け引きや妥協などのパワーポリティクス、植民地支配を是とする考え方などには、批判の観点は当然薄いわけである。国家指導層の認識した状況、選択した戦略以外の部分は見えにくいし、近代日本の膨張戦略をなかなか客観視できない。

実際、日露戦争は、当時は主観的意図としては祖国防衛戦争、自衛戦争という名目でおこなわれるのであるが、考えてみれば、自分の国のはるか外側で「自衛戦争」がおこなわれるというのはおかしなことである。しかし当時の日本人は「自衛戦争」を常に外側でやることを当たり前と思ってしまっていた。これは日中戦争でも同じである。日本の領土や領海という概念からはるかに離れたところで戦争が起こっても、それは日本を守るための戦争だと考える明治時代の発想、「主権線」と「利益線」の戦略発想への批判的な視点は司馬史観には希薄である。

おわりに——フィクションと史実

失敗要因と成功要因をともに隠蔽してしまった日本軍

これまで論じてきたように、日露戦争は国際的な政治力学のなかで、つまり世界的な英露対立という基本的な対立構造のなかに日本が組み込まれた結果起きた戦争である。日本だけから見ると、日本が主体的にロシアの南下をくいとめるために立ち上がった戦争のように見えてしまう。

そのこと以上に問題なのは、この日露戦争が、その後日本人にどう受けとめられたのか、ということである。日露戦争は、前述したように失敗の連続であったが、その失敗面はほとんど例外なく隠され、「失敗ではなかった」と言いかえられた。例えば、弾がなくて困った話は、「弾がなくても戦えた」という話にすり替えられてしまうのである。

しかし、弾がなくても戦える軍隊などない。あるいは、ロシア軍になるべく大きな打撃を与え、相手が多いという状況を作らないという日本軍の戦略は成功せず、土地は占領したが、常に相手が多いという危険な状況に陥った。ところが、それが日露戦争後には、日本軍とはもともと少数精鋭主義で、小兵力で大兵力を打ち破るのが日本軍の戦い方だという総括になってしまう。戦国時代の桶狭間《おけはざま》の合戦まで引き合いに出し、日本軍は、少数勢力が奇襲攻撃によって大兵力を打ち負かす戦いをしなければならないとまで言われるようになるのである。小兵力が大兵力を打ち破るなどということは稀にしか起きない、戦争の歴史のなかで言えばいわば例外事項である。それを常に実現するのが日本軍であるという総括になっていくのである。

〈伝統の創造〉による「成功」事例への固執

なぜそういったことになるのか。それはその作戦をやった人たちが総括し、自分たちのやったことは基本的に間違いではなかったと、失敗を認めないからである。逆にこれが日本には合っているのだと言いはってしまう。例えばドイツ流火力主義で始まった日本陸軍の作戦は、火力が足りない、つまり弾がないもとで、日本軍には白兵突撃、銃剣突撃が向いているのだという総括になる。戦国時代からずっと白兵主義だったとまで言うようになる。

逆に成功した真の原因は秘密にしておこうとされる。しかも秘密にしておくうちに、自分たちのなかでも伝わらなくなる。三九頁で述べた部隊の相互の連携を図る情報伝達に最新のテクノロジーを駆使するという、それがなければ少数である日本軍が大兵力であるロシア軍を相手に戦えなかった成功のポイントは、おのおのの部隊が勇敢に戦ったから勝てたのだという話になってしまった。さらに、ここには論功行賞がからんでいたことも確かである。各部隊が相互に連携して戦った、とするよりも、この部隊が、この指揮官が頑張ったとした方が、論功行賞には便利だったからである。

最も失敗した事例では、亡くなった人を軍神にしてしまった。軍神・広瀬武夫中佐や橘周太《たちばなしゅうた》中佐などが、失敗事例の典型である。それこそ広瀬中佐を失った旅順閉塞戦などは、本来、この作戦を命令した幹部は批判されてしかるべきであるにもかかわらず、軍神にすることで批判を封じ込めてしまう。その後も、アジア太平洋戦争に至るまで、軍神が生まれた事例というのは、ほぼ失敗事例である。何らかの形で失敗を公にしないための措置が、戦死した人を軍神にしてしまう、というやり方である。その大本がこの日露戦争で作られたのだと思う。

そういう意味で日露戦争は、日本軍の〈伝統〉を作ってしまった。歴史学では〈伝統の創造〉と言うが、もともとの古いものが残されるのが〈伝統〉ではなくて、必要に応じて〈伝統〉は作られるのである。そのため日露戦争の真の姿を知らなかったのは、日本人そのものであったといえる。日露戦争を戦った人たちは、それなりに苦労したわけであるが、自分たちの失敗事例を客観視せず、失敗事例を成功事例として総括して、自分たちを英雄にしてしまった。その後、日露戦争をテキストとして学んだ後の軍人たちは、本当の日露戦争のポイント——何が成功で何が失敗かということ——をおさえられないまま、勇戦力闘の神話を戦争の真の姿と思い込んでしまった。

アジア太平洋戦争を戦った日本軍の幹部の大半は、日露戦争時は、士官学校の生徒であったり、ほんの少し実戦を経験したという世代の人たちで、ほとんどは「勉強して」日露戦争を学んだ人たちである。そのとき、軍の中でも本当のことは伝わっていなかったのである。

アジア太平洋戦争中、例えばガダルカナル攻防戦のときに、大本営のなかでは、「旅順のときはもっと多くの犠牲がでても戦った」「なぜ、もっと頑張れないのか」といった会話が平気でなされていたのである。日露戦争は、目的を達成するためにはどんなに犠牲が多くてもかまわないという考え方を定着させるなど、人的犠牲に対する感覚を麻痺させてしまったのである。

本来、戦略・作戦は、なるべく犠牲を少なく目標を達成できるように作られるはずである。しかし、日露戦争の、とくに旅順攻防戦が批判的に検討されなかったために、犠牲はつきもので、むしろ将軍や参謀の勲章のように扱われる風潮をつくってしまった。日露戦争の総括を大きく誤ってしまったことが、その後の日本の悲劇をつくりだす大きな要因になったのである。

司馬遼太郎の作品では、明治の軍人と昭和の軍人を対比し、明治の成功と昭和の失敗を対比・強調するが、昭和の失敗の種は、ほとんどが日露戦争と日露戦争直後に蒔かれたのだという事実は、現代の私たちが理解しておかなければならないポイントだと思う。

注

（1）本稿に述べた日露戦争に関する事実関係については、拙著『戦争の日本史20　世界史の中の日露戦争』（吉川弘文館、二〇〇九年）に、日本陸海軍の「成功と失敗」については、拙著『これだけは知っておきたい日露戦争の真実――日本陸海軍の〈成功〉と〈失敗〉――』（高文研、二〇一〇年）に依拠しているので、詳しくはこれらを参照していただきたい。

第二章　満州事変と「満州国」の実態
――「五族協和」と治安維持――

はじめに

満州事変は、発端の鉄道爆破から関東軍（中国東北地方に駐屯していた日本軍）の出動、治安維持・邦人保護を名目にした「満州」全域の制圧まで、「満蒙」（中国東北地方と内モンゴル）を武力占領しようとした関東軍の計画的軍事行動であった。本章では、「満州国」における「五族協和」と「匪賊《ひぞく》討伐」の実態を明らかにすることで、満州事変と「満州国」というものの本質に迫りたい。

一　「満州国」における「五族協和」の理念と実態

1　「満州国」の建国

作戦参謀・石原莞爾《かんじ》をプランナーとし、高級参謀・板垣征四郎《せいしろう》を牽引車とする関東軍は、当初、「満蒙」の日本併合をめざしていた。それは、石原が一九三一年五月に作成したパンフレット『満蒙問題私見』（関東軍内部に配付した資料）において「期日定め彼の日韓併合の要領により満蒙併合を中外に宣言するを以て足れりとす(1)」と述べていることからも明かである。

だが、国際連盟のリットン調査団派遣と諸外国の批判に対応するために、関東軍はみずからの「満州」の武力占領を現地における「自治独立運動」の結果であるかのようにみせようと「満州国」を建国する方針へと転換する。当時、「満州」は吉林《きつりん》省・遼寧《りょうねい》省・黒竜江《こくりゅうこう》省の「東三省」から構成されていたが、いったん各省が中華民国国民政府（蔣介石政権）から「独立」するという形をとり、その後、「満州国」として結集するという形式がとられた。そのため、どうしても省の独立宣言が必要になり、吉林省では、関東軍参謀のピストルで脅されながら、省政府首脳が「独立宣言」をした[2]。

なお、建国に際しては省の連合国家という形式をとった「満州国」ではあるが、各省は中央政府から任命される省長・県参事官によって支配され、省長は中央機関である各部（当初は民政部・外交部など七部、のち九部）とともに国務院総理大臣に監督されるシステムとなっていた[3]。

だが、現実には、中央官庁の一つである総務庁が中央機関・地方機関の全体を指揮・統制しており、総務庁長官と各部の次長には日本人官僚があてられたので、「満州国」は日本から派遣された高級官僚によって支配・運営されていたといってよい。また、形式上の最高行政機関である国務院の政策決定に際しては、総務庁による事前の決定だけでなく、関東軍の承認が不可欠の要件とされていた。このように日本人官僚と日本軍人が実質的に支配していた国家であった。

2　「満州国」の建国の理念としての「五族協和」

「満州国」は、一九三二年三月一日の「建国宣言」において「順天安民」「王道主義」「民族協和」「門戸開放」の四つを国家の統治理念とした。さらに三月九日の執政・溥儀《ふぎ》による「執政宣言」では「王道楽土」の建設が謳われた。「建国宣言」で示された「民族協和」が「五族協和」という言葉で定着するのは、「五族」というフレーズが中国では事実上全民族を指すものとしてすでに一般化していたからである。例えば、孫文は、清朝を打倒した辛亥《しんがい》革命の直後に「五族共和」というスローガンを唱え、民族融和による共和国建設を訴えた。この場合の「五族」とは、漢・満・蒙・回・蔵の五族、すなわち漢族・満州族・蒙古族（モンゴル族）・回族（ウイグル族）・西蔵《せいぞう》族（チベット族）を指している。

関東軍は、この「五族」という言葉に注目し、関東軍司令部に「王道楽土」とともに「五族協和」の大垂れ幕を掲げた（なお、日蓮主義者の石原莞爾らの主張でもう一つ「南無妙法蓮華経」の垂れ幕も掲げられたが、これは「満州国」の建国スローガンとしては定着しなかった）。だが、辛亥革命の際の「五族共和」と「満州国」の建国スローガンである「五族協和」は、「共和」（反帝政）と「協和」（親帝政）という大きな違いがあるだけでなく、「五族」の内容も漢・満・蒙・回・蔵の五族ではなく、日・朝・漢・満・蒙の五族、すなわち日本民族・朝鮮族・漢族・満州族・蒙古族（モンゴル族）という違いがあった。つまり、「満州国」の「五族」には、従来の回・蔵の二族が除かれ、日本人と当時は「日系」とされていた朝鮮人が加えられたのである。「満州国」の建国にあわせて制定された国旗である「五色旗」（黄・赤・青・白・黒）や国章である五弁の蘭花もこの五つの民族を象徴するものであるとされた。

孫文のスローガンであった漢・満・蒙・回・蔵の「五族共和」は、民族の融和による共和政体の確立という明確な意味づけがあったが、日・朝・漢・満・蒙の「五族協和」とはどのような意味が付与されていたのであろうか。「五族協和」の「協和」とは、五族が融和すべきであるという理想を示すものではあるが、必ずしも五族が国民として「平等」であるということではない。そもそも、「満州国」には国家でありながら、「満州国」の領土内に居住する三五〇〇万人以上の人々（一九四〇年当時、うち「満漢人」が三五〇〇万人、朝鮮人・蒙古人がそれぞれ一〇〇万人、日本人五〇万人）は存在したが、「満州国国民」にあたるものが存在しなかったのである。なぜなら、「満州国」には、「五族協和」というスローガンは存在したが、何をもって「満州国」の「国民」とするかという法的な基準が存在していなかったからである。

3　憲法・国籍法がなかった「満州国」

「満州国」には国家の基本法典である憲法も、国民の国籍取得と国籍離脱を定めた国籍法も存在しなかった。憲法・国籍法が制定されなかったため、「満州国」においては、「国民」の資格・権利・義務については明確な規定がなかったといってよい。「国民」とは何かを規定するものがないのであるから、日・朝・漢・満・蒙の五族はあくまでも民族的出自に基づく「五族」であって、一体感を共有する「一国民」ではなかったのである。

例えば、「五族」が「一国民」でなかったことは、兵役についてははっきりとあらわれてくる。「満州国」における兵役は、日本人と非日本人とではっきり別建てになっていた。開拓移民などで「満州国」に移住し、そこで居住している日本人はあくまでも日本国籍をもった「日本国民」であるので、兵役の義務としては「満州国」に駐屯している日本軍（関東軍）に入営することが定められていた。だが、「満州国」に居住する朝・漢・満・蒙の四民族は、「日本国民」ではないので、日本軍ではなく、「満州国」の軍隊である満州国軍に入ることになる。「満州国」においては、選抜徴兵制としての国兵法が一九四〇年に施行され、徴兵検査を受け、合格者から選抜された者は兵役に服さねばならなかったが、満州国軍に入営したのは、日本人以外の人々であった。ただし、朝鮮人の場合はかなり複雑で、当時、朝鮮人は法的には「日本国民」であったが、朝鮮には四三年までは徴兵を定めた兵役法が施行されていなかったので、朝鮮出身（本籍地が朝鮮）の朝鮮人は、同年までは満州国軍に入り、四四年からは原則として日本軍に入ることになった。ただし、「満州」出身（本籍地が朝鮮にない）の朝鮮人は満州国軍に入ることとされていた[4]。

「満州国」に国籍法が施行されなかったのは、日本では国籍法によって二重国籍を認めていなかったので、「満州国」に国籍法ができると、「満州国」に居住する日本人は「満州国民」となってしまい、日本国籍を喪失してしまうことになり、日本側とりわけ軍部の反対が強かったからなのである。

4　満州国協和会と「五族協和」の結末

「満州国」において「王道楽土」「五族協和」の理念を実現するために結成されたとされるのが満州国協和会（以下、協和会）である。協和会は「満州国」で唯一の合法的政治団体として一九三二年に結成された。「満州国」政府や関東軍の幹部を総裁・理事とし、宣撫《せんぶ》活動をおこない、三六年には国家機関として公認された国民運動組織となる。さらに四一年以降は国家の行政機構と「二位一体」といわれる関係にまでなった。協和会は、日本の他の植民地の民衆組織や日本本国の国民精神総動員運動、大政翼賛会などのひな型となったとされている。

協和会の活動家の中には心から「五族協和」の理念の実現を信じ、宣撫活動に奔走した人物もいたことは確かだが、「満州国」を「五族協和」の理念からほど遠いものにしていたのは、兵役に見られるような日本人への特別あつかいや、他ならぬ多くの日本人自身による他民族蔑視であった。日本人「開拓」移民による「満人」既耕地の奪取、商店での押し売り・押し買い、気にくわない商店・食堂の破壊、輪タクなどの無賃乗車などをはじめ日本人の他民族への横暴、暴力、理不尽な行為は枚挙にいとまがなかった。

二　反満抗日運動と「討伐」の実態

1　反満抗日運動の諸相

「満州国」は、日本軍（関東軍）が軍事力によって作り上げた国家であり、反満抗日運動に対する絶え間のない武力弾圧と監視をぬきにしては一日も存立し得なかった。

「満州国」の存在を認めず、日本軍・日本人および「満州国」軍警（満州国軍と満州国警察）に対する武装闘争は、当初は、張学良《ちょうがくりょう》系の軍閥、地方に割拠する様々な武装勢力、共産主義者などが入り乱れて展開された。清朝崩壊後、「満州」には地方軍閥を支配下に入れた張作霖《さくりん》の軍閥政権が成立したが、治安は悪化し、法秩序は混乱していた。地方有力者は自らの利権を守るために武装集団を雇い入れ、武装した盗賊集団が横行、宗教結社も武装化していた。満州事変が始まり、関東軍は張学良直系の軍閥を攻撃する一方で、地方軍閥と有力者の取り込みを図ったが、既得権益を守ろうとする地方軍閥・有力者、日本軍の侵略行為に怒りを燃やしたナショナリストや共産主義者、治安状態の混乱を利用したいアウトローの集団などは、さまざまな思惑から激しく抵抗した。共産主義者は、中国共産党系のグループと朝鮮北部と間島《かんとう》（現在の延辺《えんぺん》）地区で抗日運動を展開していた朝鮮人共産主義者のグループがいた。「満州国」建国後も関東軍と「満州国」軍警は、これら反満抗日勢力を一様に「匪賊」と呼び、武力討伐に明け暮れた。

2　「満州国」側の「討伐」部隊

反満抗日勢力を「討伐」したのは、関東軍の兵団、独立守備隊、満州国軍、満州国警察隊などであった。

一九三一年の柳条湖《りゅうじょうこ》事件以降、三三年頃までは「満州国」国内の治安維持軍事力の中心は関東軍の戦略兵団（つねに二〜四個師団が駐屯）であった。その後、関東軍の戦略兵団は対ソ戦準備に力を入れるようになり、反満抗日勢力にたいする武力弾圧のための軍事力の主役は、関東軍独立守備隊になった。独立守備隊は、反満抗日ゲリラ鎮圧の中核であるとともに、「満州国」軍警を背後から指揮・監視する役割をはたした。独立守備隊は、南満州鉄道（満鉄）警備のために一九〇八年に設置され、最初は、四個大隊（一個大隊は約八〇〇人）にすぎなかったが、二九年には六個大隊、三三年一二月には一八個大隊、三六年五月には三〇個大隊・約二万四〇〇〇人もの大兵力になった（5）。

満州国軍は「満州国」建国とともに、旧軍閥軍のうち抗日側にまわらなかったものを再編して作られた。関東軍は当初、治安維持には関東軍の戦略兵団と独立守備隊などの日本軍があたり、満州国軍を補助的なものとみなしていた。同時に、関東軍は満州国軍が抗日側にまわることを恐れ、戦車・重砲・航空機・ガス兵器などを保有することを認めなかった。しかし、一九三四年一二月、佐々木到一《とういち》大佐が「満州国」軍政部最高顧問になると、方針が大きく変わった。反満抗日ゲリラ弾圧に際して日本兵を犠牲にしないように、佐々木は満州国軍を「治安維持」の主役にすえ、中国人同士を戦わせようとしたのである。そのために、三四年以降、満州国軍には日本人の予備役軍人が軍官（将校）として大量に採用され、三六年後半期には連長（中隊長）クラスの大半は日本人あるいは朝鮮人になった。日系（日本人・朝鮮人）軍官の大量配置と旧軍閥系の「不良兵員」の排除によって、満州国軍はしだいに関東軍独立守備隊の監視なしでも反満抗日勢力を武力弾圧できる軍隊になった。満州国軍独力による「討伐」作戦は、三六年一〇月から始まった。以後、「満州国」軍警を中心として、反満抗日勢力の拠点にたいする長期間にわたる武力弾圧がおこなわれた。

満州国警察隊のうち反満抗日勢力の武力弾圧にあたったのは、主として県警察隊である。県警察隊は、「満州国」建国以前には、公安隊・保安隊と称したもので、満州国警察隊の大部分をしめた。また、「警察」とはいうものの、小銃や軽機関銃を保有するなど、軍隊の歩兵部隊に近い装備であった。最初、満州国警察隊はすべての隊員が中国人で総数約七万人ほどであった。その後、日系人警察官の採用が進み、三七年には総数七万七三六四人のうち約一割にあたる七四八〇人が日系人であった。

一九三六年・三七年以降、関東軍の戦略兵団が対ソ戦準備に専念するようになると、満州国警察隊の兵力もしだいに増強され、三八年以降、日本の敗戦まで約一〇万人の規模を維持した。満州国警察隊は装備の面だけでなく、武力弾圧の方法の面でも軍隊そのものであった。満州国警察隊の上級警察官には、軍隊の指揮官と同様に、捕虜にした抗日ゲリラを即座に殺害することができる権限が与えられていた。この「臨陣格殺《りんじんかくさつ》」という権限は、三二年九月に制定された「暫行懲治盗匪法」という逮捕者殺害を法的に認める法律に根拠をおいていた。

3　「満州国」軍警による「討伐」

一九三六年・三七年ごろから「満州国」軍・警察隊は、反満抗日ゲリラ武力弾圧の主役になった。ゲリラ掃討戦においては、「満州国」軍警は、関東軍の戦略兵団よりもはるかに緻密な作戦を実施した。山岳地帯や厳寒地において執拗にゲリラ部隊を追跡し、多くの抗日ゲリラを捕虜にしたり、殺害した。なかでも、三九年一〇月から四一年三月までおこなわれた吉林・間島・通化《つうか》の「三省連合討伐」には、独立守備隊五〇〇〇人、「満州国」軍・警察隊二万人が投入され、楊靖宇《ようせいう》ひきいる東北抗日連軍第一路軍を執拗に追跡・攻撃した。日満軍警は、治安維持のために山岳地帯に自動車道路を作り、ゲリラと一般住民を分断するために、ゲリラ部隊に協力しそうな村は住民全員を移住させたり、村を柵でとりかこみ軍警部隊を駐屯させたりした。その結果、弾薬や食糧の供給を絶たれた第一路軍は苦戦し、一九四〇年二月に楊総司令が戦死するなど大きな損害を受けた。だが、日満軍警を最も悩ませた金日成《キムイルソン》・崔賢《チエヒヨン》らの朝鮮人共産ゲリラの指導者たちは、ついに日満側には捕捉されず、のちにソ連領へと活動の拠点を移したとされている。

反満抗日勢力の「討伐」にあたった「満州国」軍警部隊は、抗日ゲリラを武力によって封じ込めることに成功したかのように見える。だが、治安維持軍事力の主役になったとはいえ、「満州国」軍警部隊は日本人指揮官なくしては、なかなかその武力を発揮することはできなかった。武力弾圧の技術的向上にもかかわらず、「満州国」軍警部隊に属する中国人隊員には精神的な支えがなかった。彼らには、いったい何を守るのか、という確信が希薄であった。したがって、日系軍官がいない小部隊は、反満抗日ゲリラに包囲されると簡単に武装解除されることがしばしばあった。また、ゲリラ側の工作などもあって「満州国」軍警部隊の隊員の叛乱・逃亡は、一九三六年には二六回（四六五人）、三七年（九月まで）には三三回（一三四〇人）にもおよんでいる。三江省依蘭県《さんこういらん》では、三七年七月に県治安隊（警察隊）三五人が逃亡、同年九月には満州国軍歩兵第二九団（連隊）が団ごと逃亡している。その後も、日系軍官を殺害したうえでの集団逃亡はしばしばおこった。このような内実の「満州国」軍警は、日本軍の軍事力を背景に反満抗日勢力を弾圧してきたが、アジア太平洋戦争における日本軍の敗北、ソ連軍の侵攻にともなって瞬く間に崩壊、雲散霧消してしまうのである。

注

（1）角田順ほか編『太平洋戦争への道　別巻・資料編』（朝日新聞社、一九六三年）九九頁。原文はカタカナ。

（2）石射猪太郎『外交官の一生』（中公文庫、一九八六年）二〇七頁。

（3）「満州国」の統治システムについては、塚瀬進『満洲国　「民族協和」の実像』（吉川弘文館、一九九八年）を参照のこと。

（4）「満州国」の兵役システムについては、浅田喬二・小林英夫編『日本帝国主義の満州支配』（時潮社、一九八六年）を参照のこと。

（5）「満州国」における「討伐」の実態とデータについては、前掲『日本帝国主義の満州支配』に依拠した。

第三章　日中戦争と南京事件の真実

はじめに

一九三七（昭和一二）年七月に日中戦争が全面化して、アジア太平洋戦争、対米英戦争が起こるまで、わずか四年である。四年間で状況はそんなに変わったのである。三七年一二月に南京《ナンキン》が陥落し、日本国民の多くはこれで戦争が終わったと感じた。蔣介石政権は、南京陥落前に一旦、首都を内陸部の漢口《かんこう》に移し、さらに奥地の重慶《じゅうけい》に移していったので、陥落した時点では南京は首都ではなかったのであるが、それでもずっと首都であった所を占領したということで、これで戦争は終わりだ、と日本国内では提灯行列もおこなわれて、大いに盛り上がった。

ところが、その時点でこの先、アメリカ、イギリスと戦争になるなどということを考えていた人がどれくらいいたか。歴史的には、たった四年で日中戦争から対米英戦争へ突入していくわけであるが、それはこの南京陥落のあと日本はずっと日中戦争をやっていって解決がつかなくなるからである。

日本側は当時、これはイギリス、アメリカが蔣介石を支援しているからだ、蔣政権だけだったら抵抗できないのに、英米がうしろで援助しているからこの戦争は終わらないのだ、援蔣ルート（蔣介石政権を援助しているルート）を絶てばこの戦争は終わると考えていた。

ところが援蔣ルートというのは、仏印、現在のベトナムから、あるいは当時のイギリス領であったビルマ（現在のミャンマー）から伸びているうえに、またアメリカもかなり物資を補給しているわけであるから、その英米仏に圧力をかけないと日中戦争は終わらない、と考えた。中国との戦争であるが、悪いのは英米だと、次第に日本と英米との関係が悪化していったのである。だが、単独ではやはり英米相手とは戦えない。それで日独伊の三国同盟――ドイツと同盟を結んで、英米に圧力をかけるという路線に進んでいく。つまり、日中戦争と対米英戦争＝アジア太平洋戦争というのは、三国同盟を媒介にして繫がっているのである。

私たちは、歴史を後（結果）から見がちなので、アジア太平洋戦争・対米英戦争に行き着いたプロセスとして日中戦争を位置づけてしまうが、今日、日本人が記憶として継承しなければならない（記憶の希薄化が顕著）のは、日中戦争の方である。なぜなら、日本の戦争は他国に攻撃されたり、強いられたりして引き起こされたのでなく、自らが勢力の膨張をめざした、侵略戦争だったからである。

したがって、本章では、まず、アジア太平洋戦争の原因であり、その重要な構成要素である日中戦争の位置づけを確認し、さらに、日中戦争を代表する事件・戦闘である南京攻略戦・南京大虐殺についてあらためて検討してみたい。

一　アジア太平洋戦争の原因・重要な構成要素としての日中戦争

1　アジア太平洋戦争への道のり

なぜ日本は、アメリカ・イギリスなどの世界の大国を相手に戦争をしたのか。それは、簡潔にまとめれば、日本が、第一次世界大戦によって作られた世界秩序（国境線と勢力圏）、いわゆるベルサイユ・ワシントン体制を力ずくで破壊し、新たな秩序の構築をめざしたからである。日本は、中国大陸への侵略を進め、ついで東南アジアや南洋地域へと勢力圏を拡張した。同じく、ベルサイユ・ワシントン体制の打破をめざすドイツ・イタリアと手を結んだ日本のこうした軍事的膨張は、アメリカ・イギリスなど欧米諸国の利害と正面からの衝突を引き起こし、ついには戦争によって決着をつけるところにまで突き進んだのである。

日本の対米英戦争は、直接には日本の南進（一九四〇年・四一年の仏印進駐）に原因があるが、そもそも南進という国家戦略は、中国への侵略の結果でてきたものである。したがって、対米英戦争への道の検証は、山東《さんとう》出兵・満州事変から本格的に始まる日本の軍事的膨張からたどってみる必要がある。

2　世界戦争への第一段階：山東出兵・満州事変

一九三一年九月一八日、奉天（現在の瀋陽《しんよう》）近郊・柳条湖でひき起された満鉄線爆破事件を口実に、関東軍（中国東北地方に駐屯していた日本軍）は中国軍（張学良軍）に対する軍事行動を一斉に開始、翌三二年初頭までに「満州」全土をほぼ掌握した。関東軍の謀略によって引き起こされたこの満州事変こそ、第一次世界大戦以後の世界秩序を破壊する先駆けとなり、戦争とファシズムへと世界の歴史を大きく傾斜させた重大な事件である。

だが、この満州事変には、「原型」があったことは、今日ではよく知られている。二八年六月の張作霖爆殺事件である。この時、関東軍は、張作霖爆殺をきっかけに「満州」に不穏な情勢を作り、「居留民保護」「満蒙権益保護」を口実に出兵し、「満州」全域を占領してしまう計画を立てていた。

しかしながら、この時、日本政府も天皇も関東軍の目論見のようには動かず、関東軍の謀略は、張作霖を暗殺しただけで頓挫《とんざ》した。この失敗から学んだ後の関東軍参謀の石原莞爾らは、本国政府や陸軍中央の動向がどうあろうとも「満蒙」の武力占領を強行するのである。満州事変の原型は、張作霖爆殺事件であり、張作霖爆殺は山東出兵（一九二七〜二八年に三次にわたって中国・山東省へ日本軍を出兵）にともなって惹起《じやつき》したことである。それにゆえに、田中義一《ぎいち》内閣がおこなった政略出兵である今から九〇年前の山東出兵が、アジア太平洋戦争につらなる戦争の出発点だったといえよう。

「満州国」建国（一九三二年三月）後、関東軍は「満州」と華北を完全に分離することをねらって、三三年七月より熱河《ねつか》侵攻作戦を展開、翌三三年三月までに同省を占領した。中国の国民政府（蔣介石）は塘沽《タンクー》停戦協定を結んで事実上の講和とし、熱河省を含む東北四省（ほかに吉林・遼寧・黒竜江の各省）に対する日本の支配権を黙認した。国民政府が日本の理不尽な要求に後退を重ねたのは、二七年四月以来、共産党との内戦に蔣介石が没頭していたからである。

3　世界戦争への第二段階：華北分離・日中戦争

日本陸軍はこの後さらに、華北を国民政府の影響下から切り離そうと「自治運動」育成などの政治工作（華北分離工作）をするが成功せず、結局、一九三五年六月、梅津・何応欽《かおうきん》協定を結んで国民党機関と中央軍を河北省から無理やり撤退させたのである。満州事変と「満州国」建国を大きな〈成功事例〉と捉えた日本軍部は、華北五省（河北・山東・山西《さんせい》・綏遠《すいえん》・チャハル）を蔣介石政権の支配下から分離し、いわば第二の「満州国」ともいうべきものにしようとしたのである。

この華北分離という考え方が、のちに盧溝橋《ろこうきょう》事件（三七年七月七日）を日中全面戦争にまで拡大させた重要な要因である。盧溝橋事件そのものの真相は不明な点もあるが、たとえそれが偶発的な衝突であったとしても、七月一一日に現地で停戦協定が結ばれたにもかかわらず、それが全面戦争にまで発展したのは、日本側にこの際、この衝突を利用して華北を分離してしまおうと考えていたからである。そうでなければ、事態は拡大しなかったと考えられる。

日中戦争は、日本軍の予想を越えて長期化した。陸軍は、中国は従来通り押せば引っ込むと考えて強硬な姿勢を崩さず、一方、中国軍の抗日意識はこれまでになく高まっていた。すでに盧溝橋事件以前から日本による露骨な華北侵略に対し中国軍・民衆の反発は日増しに強くなり、三六年一二月の西《せい》安《あん》事件を契機に後に第二次国共合作が成立、抗日民族統一戦線が結成されるに至ったが、日本陸軍の中には「支那《しな》通」を自称する軍人が多数いたにもかかわらず、こうした動きをまったく読めなかった。

日中戦争にあたって日本政府は、この戦争を「支那事変」と呼び宣戦布告をしなかったが、日露戦争以来初めて、天皇が出席する最高統帥《とうすい》機関である大本営を設置、さらには国家総動員法を発動して全面戦争として対処した。しかし、日本政府と軍部は、中国の抗日意識の高揚を見抜けず、またドイツ・イタリアの軍拡とスペイン内戦への対応で忙殺されていたイギリス・アメリカの対日宥和政策に助けられ戦線を拡大させた。一九三七年一二月の南京陥落（この時、後述する「南京大虐殺」がおこった）によってさらに強気になった日本政府は、翌三八（昭和一三）年一月には「爾後《じご》、国民政府を対《あい》手《て》とせず」との「近衛《このえ》声明」（第一次）を発表して自ら外交交渉の道を閉ざし、以後、解決の糸口を見つけるためにさらに軍事作戦を拡大させるという果てしのない悪循環に陥っていった。この悪循環は、二つの要因によってさらに深刻なものになった。

4　日中戦争泥沼化の二つの要因

第一の要因は、中国軍が主力を内陸部へと後退させたために、日本軍は、中国軍主力撃滅のために中国奥地へと侵攻を余儀なくされ、広大な占領地をかかえてその維持のためにも大兵力を張り付けざるをえず、侵攻部隊は常に兵力過少の状態にあるため、中国軍の包囲殲滅・退路遮断が実現できず、決定的な戦果が挙げられなかったことである。軍事的に手詰まり状態となった日本軍は、重慶への戦略爆撃を実施したり、蔣介石政権の分裂工作を狙うなどのさまざまな秘密戦（謀略戦）を遂行するが、事態を打開できなかった。

また、第二の要因は、中国大陸における日本の軍事行動を、日本による中国独占化と捉えた欧米諸国が蔣介石政権支援へと力を入れたことである。さらに日本軍の中国奥地侵攻は、欧米諸国の中国援助を増大させた。

その結果、日本軍の奥地への侵攻にもかかわらず重慶に拠る蔣政権が屈服しないのは、英・米などの諸外国が援助しているためであるとして、日本軍は、一九三八年後半からは重慶への物資輸送ルートである「援蔣ルート」遮断のための作戦に力を注ぎ、香港ルート遮断のために三八年一一月には広《カン》東《トン》を攻略、三九年には仏印方面からのルート遮断のために海南島・南寧《なんねい》・汕頭《スワトウ》などを占領、海上封鎖を強化し、その後さらに四〇年九月には仏印（フランス領インドシナ）北部にまで進駐した。

しかし、日本軍が中国に深く侵入すればするほど、中国だけではなく、欧米諸国との対立を強め、諸国の対中国支援を増大させることで、ますます戦争が泥沼化するという悪循環が進行した。日中戦争は、日本と中国との戦争であるだけでなく、次第に日本と中国を支援する欧米諸国との戦争という構図になっていったのである。

けれども、いくら欧米諸国との対立が深まったとしても、中国を相手に手こずっている日本が、さらに欧米諸国とりわけ援蔣勢力の中心である英・米を直接的な武力行使で抑えるということは不可能なことであった。そのために、日本軍は援蔣ルートの遮断（日本海軍による海上封鎖を含む）とあわせて、陸揚げされた援蔣物資破壊・焼却のための秘密戦（時限爆弾や放火などによる破壊工作）をも展開するようになる。

蔣介石政権を支援する英・米・仏・ソ連などの諸国を抑えることは困難に思われたが、列強抑制を可能にした（可能だと思わせた）のがドイツとの軍事同盟であった。その意味で、日中戦争の泥沼化が、日独伊三国同盟論を促進させる役割を果たしたと言える。

5　世界戦争への第三段階：日独伊三国同盟

一九三九年九月一日、ナチスドイツはポーランドへの侵攻を開始、その直後、英・仏はドイツに宣戦布告し、ここに第二次世界大戦が始まった。同年八月の独ソ不可侵条約締結をきっかけに日独間の防共協定強化（軍事同盟化）交渉は中断していたが、四〇年四月以降、ドイツが西部戦線で仏・蘭（オランダ）に電撃的な勝利をおさめ、英を苦境に追い込むと、日本では、この機に乗じてドイツと提携し、世界の再分割を一挙に実現しようとする気運が陸軍部内を中心に非常に強くなった。世界戦争に連動して日中戦争も解決しようという考えである。この時期に戦争の一方の当事者であるドイツと同盟を結ぶということはアジアに強い権益を有する英・米・仏・蘭と完全な敵対関係に入ることを意味した。同盟推進勢力である日本陸軍の圧力の前に、同盟に反対した米内光政《よないみつまさ》内閣は倒れ、四〇年七月、陸軍の支持のもと同盟論者・松岡洋右《ようすけ》を外相にすえた第二次近衛内閣が成立し、九月には日独伊三国軍事同盟が調印される。

同じく九月には三国同盟と呼応して、参謀本部の主導で北部仏印への武力進駐が強行される。これは仏印の宗主国フランスがドイツに敗北、実質的な影響力を失ったことに乗じて、英・米の「援蔣ルート」を遮断し、あわせて食糧米と南進用の軍事基地確保をめざしたものであった。北部仏印進駐・三国同盟調印というドイツと連動した日本のあからさまな南進路線にアメリカは強く反発、三国同盟調印の前日にクズ鉄・鋼の対日輸出禁止と中国への借款供与を発表する。しかし、ドイツの軍事的勝利に幻惑された近衛内閣は、国際的な力関係を枢軸《すうじく》側有利と判断し、更に南進路線を強めていくのである。

一九四一年四月、松岡外相は、モスクワで日ソ中立条約に調印する。これは、本格的な南方進出の態勢を固めるための布石であった。だが、同年六月、ドイツがソ連に侵攻を開始すると、陸軍は、この機にソ連をはさみ撃ちにしようと「関特演」（関東軍特種演習）を発令、関東軍を大増強し臨戦態勢をとらせた。また、同じ時期（七月）に、従来の南進路線を更に進めて南部仏印への進駐も実行する。この南部仏印進駐は米・英をさらに刺激し、日本と両国の衝突を決定的なものにした。対米交渉では、陸軍はアメリカに譲歩することは日中戦争の成果を無に帰することであるとして、強硬な姿勢を崩さなかった。

日本の戦争は、結局、中国での戦争の拡大とその収拾を図るための三国同盟締結、日中戦争の成果を守るために対米開戦へと突き進んだともいえるものである。多くの日本人の戦争認識・歴史認識は、戦争といえばアメリカとの戦争ということに収斂《しゅうれん》するが、あらためて日中戦争を中心にすえた戦争認識・歴史認識へと再構築することが、私たちに求められている。

二　日中戦争の性格を浮き彫りにする南京事件の真実

1　南京大虐殺をめぐる争点

南京大虐殺をめぐってはそれを否定するという立場もあるが、学問的にはそれ以上に諸説があり、あえてまとめれば、「虐殺」の定義や犠牲者の人数をめぐって以下のような争点がある。

【南京大虐殺をめぐる争点】

（1）犠牲者の数（数万人～三〇万人超の諸説あり）が確定できない理由

（2）「事件後、南京の人口が増えた」という説の真偽

（3）「ゲリラ（便衣兵《べんいへい》）殺害は戦闘行為」という説の真偽

（4）その他さまざまな否定論・「まぼろし」論はなにゆえに出てくるのか

まず、（1）の犠牲者の数がどれくらいなのかということであるが、中国は公式的には三〇万人と発表している。これは何がベースになっているかというと、東京裁判のときに出た二六万～二七万人という犠牲者の数である。東京裁判に提出された当時の埋葬記録を合計すると二六万～二七万人という数字になり、これがベースになって、三〇万人という数字が設定されているものと思われる。

しかし、犠牲者数には、諸説があって、日本の歴史学研究者では、藤原彰・吉田裕・笠原十九司《とくし》の各氏らをはじめとして十数万から二〇万人くらいと推定している人が多い。また、「虐殺」とは何かという定義をいろいろと細かくしていって、捕虜を殺したのは一種の戦闘行為であり、秦郁彦《はたいくひこ》氏のように戦闘行為は虐殺ではないと言う人もいる。そうなるともっと少なくなって数万人になる。極端な場合、藤岡信勝《のぶかつ》氏のように「なかった」という人もいるが、これはどう考えてもあり得ない。なぜなら、後述するように（八七、八九～九一、九二～九四、九五～九六、九六～九八頁）、現に南京で、「虐殺」の模様を日本の軍人たちが記録（日記）を付けている。これは、回想などではなく、リアルタイムで付けられた記録で、しかも複数の人がその現場を見ているのであるから。

それから、（2）の事件後、南京の人口が増えたという説がある。これは大抵の「否定派」の本に書いてある。時々、それを真に受けている人がいるが、実はここで言うところの「南京の人口」とは、南京の一部分の人口のことである。南京市というのは非常に広い領域で、その中に城壁で囲まれた南京城区と言われる部分がある。普通、我々が「南京」としてイメージしているのは、この南京城区である。さらにその中に、国際安全区と呼ばれる難民避難地区が設定されていた。事件後、人口が増えたと記録されているのは、この国際安全区の人口である。つまり、南京全体（南京市あるいは南京城区）の人口が事件の前より増えたのではなくて、南京市内外から多くの人が日本軍の暴虐と戦闘への巻き込まれを逃れて避難してきたからこそ、その安全区の人口が増えたということなのである。

これを「南京」の人口が事件の前より増えたと見立て、肝心なところを省略したうえで、人口が増えたぐらいだから虐殺はなかったのだと話を繋げるというのが、この説である。それゆえに、「南京」の人口と言ったときに、どこの人口を指すかということを明確にしないで議論してしまうと、うっかりすると騙されてしまうのである。

もう一つ、（3）ゲリラ――当時の言い方だと「便衣兵」（軍服を着用していない戦闘員）と言うのだが、その殺害は戦闘行為であるから虐殺ではないのだ、という人がいる。しかし当時、日本の兵隊たちが実際にどのようなことを見たのか、この戦闘員の殺害がどのようなものであったのか、その実態は後述する。

次に、（4）その他、様々な否定論があるが、なぜ否定論が出てくるのか、ということについて検討したい。確かに南京事件については、曖昧《あいまい》なところがある。それは、犠牲者の数が何人なのかはっきりしないからであるが、どうしてはっきりしないのかといえば、遺体を大量に揚子江《ようすこう》に流してしまっているからである。実際にその光景を日本兵が見ているが、それは後述する（八九頁以下）。そのように流してしまったため、調べるにも調べようがないところがある。また、南京で亡くなった人は、そこで遺体が確認されて埋葬記録が残るが、それは戦闘で亡くなったのか、「虐殺」なのか、その区別が後からは分からないからでもある。

しかし、犠牲者数がはっきりしない、戦闘による死者と「虐殺」の区別がつかないといっても、「虐殺は無かった」というのはあまりにも極端な話である。

実は犠牲者の数がはっきりしないというのは、どんな戦争でもあることである。例えば沖縄戦の犠牲者の数も、東京大空襲の犠牲者の数も正確には判らない。なぜなら、戸籍まで焼かれてしまったからである。であるから、沖縄の〈平和の礎〉には、名前が刻まれている人もいるし、名前が判らず「誰々の子」と書かれている人もいる。そのように、実は犠牲者の数が正確には判らないということは、むしろ普通のことなのである。また、戦闘による死者と「虐殺」を厳密に分けるということにどのような意味があるのか。戦闘行為であれ、組織的虐殺であれ、戦争犠牲者である点には変わりはなく、いたずらに「定義」によって「虐殺」を限定しようという試みは、不毛であるといわざるを得ない。

2　その時、南京にいた日本兵は何を見たのか

本章で重視したいのは、南京事件の現場で、そこにいた日本兵が何を見たのか、ということである。当時、南京大虐殺の現場を多くの日本人が見ている。当然そこには多くの日本兵が参加しているし、従軍した新聞記者も見ているはずである。だが、新聞記者でそれをはっきり記録に残している人はいない。ましてや当時の新聞には、南京に行った記者のそのような報告は載せられていない。しかし、載せられていないから、その人たちが何も見なかったのかというと、決してそうではない。当時、軍人が残した日記の中には、しばしば新聞記者が出てくる。であるから、新聞記者が現場にいて状況を見ていたことは確かなことである。しかし、戦争と言論の統制というのはセットになっていて、そこで見たことを新聞記者は書けないのである。それを記事にしたところで、検閲でカットされて採用されないから、最初から記事にしないのである。

まず現場の様子を見てみよう。南京は揚子江に面していて、日本軍はこれを包囲するように南の方、それから東の方、そして揚子江の北側からも侵攻している。その中でも南京の東の方から侵攻していったのが第一六師団（京都師団）である。この第一六師団の師団長が当時のことを日記に残している。南京攻略戦を指揮した第一六師団長・中島今朝吾《なかしまけさご》中将の一九三七年一二月一三日の日記であ

る。一三日は南京陥落の日であるから、南京城区のすぐ外側に師団司令部があったと思われる。

南京攻略戦を指揮した第一六師団長・中島今朝吾中将の日記

〔一九三七年一二月一三日〕

一、本日正午高山剣士来着す。時恰《ときあたか》も捕虜七名あり。直《ただち》に試斬を為《な》さしむ。

一、……到る処に捕虜を見、到底其始末に堪えざる程なり。

一、大体捕虜はせぬ方針なれば、片端より之を片付くることとなしたる〔れ〕共……中々実行は敏速には出来ず。……

一、……佐々木部隊丈《だけ》にて処理せしもの約一万五千、大〔太《たい》〕平門《へいもん》に於ける守備の一中隊長が処理せしもの約一三〇〇、其仙鶴門《せんかくもん》付近に集結したるもの約七、八千人あり。尚続々投降し来る。

一、此《この》七、八千人之を片付くるには相当大なる壕を要し中々見当らず。一案としては百、二百に分割したる後、適当のケ処に誘て処理する予定なり。(1)

中島師団長は、日記の中で、「時あたかも捕虜七名あり。直ちに試し斬りを為さしむ」と、司令部に連れて来られた中国兵捕虜七名を「高山剣士」に試し斬りさせたとしている。その人の腕前を確かめるために、それだけのために捕虜七名を斬殺させたのである。また、「到るところに捕虜を見、到底その始末に堪えざる程なり」と、投降した中国兵が多数居て始末に負えないとしつつも、「大体、捕虜はせぬ方針なれば」と、捕虜に取ることはしない方針だった、と記している。国際法上はすでにジュネーブ条約というものが一九二九年に締結されている。日本は批准していないのであるが、戦時においては捕虜を確保した方がそれを保護する義務がある。それは、日本が一九〇七年に署名したハーグ陸戦規則でも規定されていることであるが、「捕虜はせぬ方針」なので、「片端より之を片付くることとなしたれども、中々実行は敏速には出来ず」としている。捕虜にはしない、片っ端から片付けろ、ということであるが、「片付ける」ということはどういうことなのか、段々判ってくる。

第一六師団に属している「佐々木部隊だけにて処理せしもの約一万五千、太平門に於ける守備の一中隊長が処理せしもの約一三〇〇、その仙鶴門付近に集結したるもの約七、八千人あり。尚続々投降し来る」として、ここで「処理」したとしている。さらに捕虜が増えてきて、「この七、八千人これを片付くるには、相当大なる壕を要し」――壕というのは、穴のことで、それが「中々見当らず。一案としては百、二百に分割したる後、適当の箇所に誘いて処理する予定なり」としている。第一六師団は内陸部から攻めているので河がない。とすると、「処理する」というのは、殺害して穴に埋めてしまうということである。「七、八千人これを片付くる」ほどの穴はないから、分割して埋めると記している。こういう遺体は、のちに掘り出され骨になったものが発見されている。

ここでは計画的に、最初から捕虜にしないで殺害して埋めてしまおうということを、師団長自身が言っているわけであるから、日本軍がそういった方針であったということが分かる。

この日記の主は師団長・中将であるから、師団司令部にいて、現場に直接行って殺しているところを見ているわけではない。それゆえ、「現場で見たわけでない」という批判もあるかもしれないので、もう一つ別の日記を紹介しよう。第一三師団山田支隊、これは山形の部隊で、第一六師団とは異なり、揚子江にそって前進して南京を北側から攻撃した部隊である。この部隊に所属した現場指揮官（将校）が日記をつけている。

第一三師団歩兵第六五聯隊第四中隊少尉・宮本省吾《しょうご》の日記

〔一九三七年一二月一六日〕

警戒の厳重は益々《ますます》加はりそれでも〔午〕前十時に第二中隊と衛兵を交代し一安心す、しかし其《そ》れも疎〔束〕の間で午食事中に俄《にわか》に火災起り非常なる騒ぎとなり三分の一程延焼す、午后三時大隊は最後の取るべき手段を決し、捕慮〔虜〕約三千を揚子江岸に引率し之を射殺す、戦場ならでは出来ず又見れぬ光景である。

〔一二月一七日〕

本日は一部は南京入城式に参加、大部は、捕慮〔虜〕兵の処分に任《にん》ず、小官は八時半出発南京に行軍、午后晴れの南京入城式に参加、壮〔壮〕厳なる史的光景を見〔目〕《ま》のあたり見る事が出来た。

夕方漸《ようや》く帰り直ちに捕虜兵の処分に加はり出発す、二万以上の事とて終《つい》に大失態に会ひ友軍にも多数死傷者を出してしまった。

中隊死者一傷者二に達す。

〔一二月一八日〕

昨日来の出来事にて暁方《あけがた》漸く寝に付〔就〕く、起床する間もなく昼食をとる様である。午后敵死体の方〔片〕付をなす、暗くなるも終らず、明日又なす事にして引上ぐ、風寒し。

〔一二月一九日〕

昨日に引続き早朝より死体の処分に従事す、午后四時迄かゝる。(2)

これは南京陥落後のものである。一二月一六日、「警戒の厳重は益々加はり。それでも午前十時に第二中隊と衛兵を交代し、一安心す」。これは、中隊が捕虜が脱走しないかどうか見張っているのであるが、衛兵を交代してちょっと一安心だ、ということである。

「しかしそれも束の間で、午食事中に俄に火災起り、非常なる騒ぎとなり、三分の一程延焼す」とあり、捕虜を収容していた所で火事が起きて、大変なことになった。で、この捕虜をどうするのか。このままだと手間がかかる。食事も与えなければいけない。それで、「午后三時、大隊は最後の取るべき手段を決し、捕虜約三千を揚子江岸に引率し、これを射殺す。戦場ならでは出来ず、又見れぬ光景である」と記している。捕虜を監視しているのが大変だから殺してしまおうということになり、揚子江岸に引率して射殺した、というのである。

次は一二月一七日、翌日の記述である。

この日は、南京の入城式がおこなわれている。日本側が撮った映像でも、ずいぶん荒涼とした街路を松井石根《いわね》司令官をはじめとする日本軍が馬で行くシーンが残っている。資料の宮本少尉の部隊でも、宮本ら一部の将兵は南京入城式に参加したのであるが、「大部は捕虜兵の処分に任ず」とあるから、大部分の将兵は捕虜の処分を命じられたということである。

入城式から「夕方ようやく帰り、直ちに捕虜兵の処分に加はり、出発す」ということで、南京入城式がおこなわれているその当日、一方では、揚子江岸で捕虜を処分していたことがわかる。「二万以上の事とて、ついに大失態に会い、友軍にも多数死傷者を出してしまった。中隊死者一、傷者二に達す」とある。これは、多くの捕虜を日本側がぐるっと囲んで撃ったために、向こう側にいる日本兵に日本軍の銃弾が当たってしまった。「大失態」とは、そのことを言っているのである。

翌一二月一八日、「昨日来の出来事にて、暁方ようやく寝に就く」とある。捕虜を射殺するのに時間がかかって、明け方までかかり、それでようやく寝に就いた。「起床する間もなく昼食をとる様である。午后、敵死体の片付けをなす。暗くなるも終らず、明日又なす事にして引き上ぐ。風寒し」。前日一日かけて射殺をしておいて、一八日は死体の片付け（揚子江に流すこと）をした。しかし一日やったけど終わらなくて、また明日やることにした、というのであるから、死体はたいへんな数だということである。「二万人以上の事」と、この宮本少尉は聞いていた。

一二月一九日にも「昨日に引続き、早朝より死体の処分に従事す。午后四時迄かかる」と書いている。この日も揚子江に遺体を流す作業をやっていたというのである。

これら日記の記述を見ると、一七日の南京入城の前日から組織的に捕虜の殺害がおこなわれて、一九日までの四日間、この第一三師団山田支隊はずっと捕虜の遺体を揚子江に流す作業をやっていたということが判る。前述したように、犠牲者の数が正確には判らないというのは、このように殺した遺体を無秩序に、次々と流してしまった。射殺された遺体が放置されている（ずっと人目に晒《さら》されている）のはよろしくないので、大急ぎで遺体を流す作業をやったために、また、誰も記録を付けているわけでもないので、そこで亡くなった人の数がよく判らないのである。

この日記は現場の指揮官の記録なので重要である。これだけでも虐殺はなかった、などとはとても言えないだろう。しかし、この人自身は現場の指揮官で、兵隊を指揮しているのであるが、具体的に自分が手を下しているわけではない。では、手を下した人は記録を付けているのか、ということになるが、その前にもう一人、将校の日記を挙げておきたい。

第一三師団歩兵第六五聯隊・第八中隊・少尉『遠藤高明陣中日記』

〔一九三七年一二月一六日〕

定刻起床、午前九時三十分より一時間砲台見学に赴《おもむ》く、午後零時三十分捕虜収容所火災の為出動を命ぜられ同三時帰還す、同所に於て朝日記者横田氏に逢ひ一般情勢を聴く、捕虜総数一万七千二十五名、夕刻より軍命令により捕虜の三分の一を江岸に引出しⅠ〔第一大隊〕に於て射殺す。

一日二合宛給養するに百俵を要し兵自身徴発により給養し居る今日到底不可能事にして軍より適当に処分すべしとの命令ありたりもの丶如し。

〔一二月一七日〕

幕府山頂警備の為午前七時兵九名を差出す、南京入城式参加の為十三D〔第一三師団〕を代表してR〔聯隊＝第六五聯隊〕より兵を堵列《とれつ》せしめらる、午前八時より小隊より兵十名と共に出発和平門より入城、中央軍官学校前国民政府道路上にて軍司令官松井閣下の閲兵を受く、途中野戦郵便局を開設記念スタンプを押捺し居るを見、端書《はがき》にて×子、関に便りを送る、帰舎午後五時三十分、宿舎より式場間で三里あり疲労す、夜捕虜残余一万余処刑の為兵五名差出す、本日南京にて東日《とうにち》出張所を発見、竹節氏の消息をきくに北支より在りて皇軍慰問中なりと、風出て寒し。(3)

この遠藤少尉の日記も、先ほどの宮本少尉とまったく同じ事件を記録している。宮本少尉とは異なる中隊なので、同じ現場にいたものの、すこし違ったことが記されているかもしれない。

一二月一六日は、宮本日記でも火事があったと記録されている日である。「定刻起床、午前九時三十分より一時間砲台見学に赴く」。もう戦闘は終わっていることが分かる。「午後零時三十分、捕虜収容所火災の為出動を命ぜられ、同三時帰還す。同所において、朝日記者横田氏に逢い、一般情勢を聴く」と記されている。まさに現場に新聞記者がいたことが分かる。「捕虜総数一万七千二十五名、夕刻より軍命令により捕虜の三分の一を江岸に引出し、I（＝第一大隊）において射殺す」とある。遠藤少尉は現場で新聞記者に会って、その記者から捕虜の数が一万七〇二五名だということまで聞いている。しかも、師団よりも上部の軍命令が出て、捕虜の三分の一をまず射殺せよということになったという。

どうしてこんなことになってしまったのか。火事が起こって収容が困難になったということが出てきたが、そのあとに「一日二合宛給養するに百俵を要し、兵自身徴発により給養し居る今日、到底不可能事にして、軍より適当に処分すべしとの命令ありたりものの如し」とある。要するに、兵隊自身も自ら食べ物を徴発している状態だから、まして捕虜に与える食料はない。であるから、「適当に処分すべし」という命令が出た、というのである。

その翌日、「一七日、幕府山頂警備の為、午前七時兵九名を差し出す」とある。命令されて、警備のためにこの中隊からも兵を出したということである。「南京入城式参加の為、十三D（＝第一三師団）を代表して、R（聯隊＝第六五聯隊）より兵を堵列せしめらる」。堵列というのは、銃剣付き小銃を持ってずらっと並ぶことである。「午前八時より小隊より兵十名と共に出発、和平門より入城。中央軍官学校前、国民政府道路上にて軍司令官松井閣下の閲兵を受く」。遠藤少尉も入城式に参加したことが分かる。「途中、野戦郵便局を開設、記念スタンプを押捺し居るを見、端書（ハガキ）にて×子、関に便りを送る。帰舎午後五時三十分、宿舎より式場間で三里あり、疲労す」。帰るのに時間がかかって疲れたとあり、それに続いて「夜、捕虜残余一万余処刑の為、兵五名差出す」とある。遠藤少尉の所属する第八中隊からも捕虜を「処刑」するために兵を出した。「本日、南京にて東日出張所を発見」――東日というのは、東京日日新聞、現在の毎日新聞である。前に朝日新聞の記者が出てきたが、ここでは東日新聞の出張所を発見、「竹節氏の消息をきくに、北支より在りて皇軍慰問中なりと。風出て寒し」。ここでも新聞関係の出張所があったということが証言されている。遠藤少尉は、前述の宮本少尉よりもやや具体的に捕虜の組織的殺害について記述しているが、これも指揮官であるから、自ら手を下したという人ではない。

同じ事件についてもう少し見てみよう。同じ第一三師団で、この同じ事件を日記に残していた人が他にもいる。現場の下士官——兵隊を指揮する立場の人の日記である。


第一三師団山砲兵第一九聯隊・第八中隊・伍長『近藤栄四郎出征日記』

〔一九三七年一二月一六日〕

午前中給需伝票等を整理する、一ヶ月振りの整理の為相当手間取る。

午后南京城見学の許しが出たので勇躍して行馬で行く、そして食料品店で洋酒各種を徴発して帰る、丁度見本展の様だ、お陰で随分酩酊《めいてい》した。

夕方二万の捕慮〔虜〕が火災を警戒に行った中隊の兵の交代に行く、遂に二万の内三分の一、七千人を今日揚子江畔にて銃殺と決し護衛に行く、そして全部処分を終る、生き残りを銃剣にて刺殺する。

月は十四日、山の端にかゝり皎々《こうこう》として青き影の処、断末魔の苦しみの声は全く惨《いたま》しさこの上なし、戦場ならざれば見るを得ざるところなり、九時半頃帰る、一生忘るゝ事の出来ざる光影〔景〕であつた。(4)


一二月一六日「午后南京城見学の許しが出たので、勇躍して行馬で行く。そして食料品店で洋酒各種を徴発して帰る」とある。「徴発」というのは、お金を払って持ってきたという感じではない。買ったのなら、購入して帰ると書くだろう。もっとも、「徴発」でも本当はお金を払わなければいけないのであるが、当時の日本軍の感覚では、勝手に持ってくるというイメージである。「丁度見本展の様だ。お陰で随分酩酊した」と書いてあるところをみると、おそらく随分たくさんお酒を持ってきたのであろう。

「夕方、二万の捕虜が火災を警戒に行った中隊の兵の交代に行く」。文章が混乱しているが、「遂に二万の内三分の一、七千人を今日揚子江畔にて銃殺と決し、護衛に行く。そして全部処分を終る。生き残りを銃剣にて刺殺する」とあるので、この人は実際に行って、生き残りの人を銃剣で刺したということが分かる。

「月は十四日、山の端にかかり、皎々として青き影の処、断末魔の苦しみの声は全く惨しさこの上なし。戦場ならざれば見るを得ざるところなり。九時半頃帰る。一生忘るる事の出来ざる光景であった」としている。戦場慣れしている近藤伍長も、あまりの痛ましさに、さすがに心を痛めている。同じ光景に遭遇しても、このように心を痛めている人もいたわけである。

では、同じ事件を目撃し、日記に記録した他の人はいなかったのか、次の日記を見てみよう。最末端で、実際に手を下した兵士の日記である。

第一三師団山砲兵第一九聯隊・第Ⅲ大隊大隊段列・上等兵『黒須忠信《ただのぶ》陣中日記』

〔一九三七年一二月一六日〕晴

午后一時我が段列より二十名は残兵掃蕩《そうとう》の目的にて馬風〔幕府〕山方面に向ふ、二三日前捕慮〔虜〕せし支那兵の一部五千名を揚子江の沿岸に連れ出し機関銃を以て射殺す、其の后銃剣にて思ふ存分に突刺す、自分も此の時ばが〔か〕りと憎き支那兵を三十人も突刺した事であろう。

山となつて居る死人の上をあがつて突刺す気持は鬼をもひゝ〔し〕がん勇気が出て力一ぱいに突刺したり、うーんうーんとうめく支那兵の声、年寄も居れば子供も居る、一人残らず殺す、刀を借りて首をも切つて見た、こんな事は今まで中にない珍らしい出来事であつた、××少尉殿並に×××××氏、×××××氏等に面会する事が出来た、皆無事元気であつた、帰りし時は午后八時となり腕は相当つかれて居た。(5)

この黒須上等兵が属していた大隊段列というのは山砲部隊の輸送部隊のことである。一二月一六日、「午后一時、我が段列より二十名は残兵掃蕩の目的にて、幕府山方面に向かう」とあるが、もう戦闘は終わっている段階なので、警備のためであろう。「二、三日前、捕虜にせし支那兵の一部五千名を揚子江の沿岸に連れ出し、機関銃を以て射殺す」とある。この時に、前述の宮本日記によると、捕虜を包囲していた日本兵にも銃弾が当たって、日本側に死者が出ている。「その后、銃剣にて思う存分に突刺す。自分もこの時ばかりと、憎き支那兵を三十人も突刺した事であろう」とある。この人は、先ほどの近藤伍長と違って、あまり痛ましいとは感じていないようである。「山となって居る死人の上をあがって突き刺す気持は、鬼をもひしがん勇気が出て、力いっぱいに突き刺したり。うーんうーんとうめく支那兵の声。年寄りも居れば、子供も居る」。ここは解釈が少し難しいところである。「年寄りと子供」としているが、兵隊にしては年寄り、兵隊にしては子供なのか、それとも本当に年寄りと子供なのか、どちらにも解釈できる。もし、「捕虜」とされていた人々の中に一般市民が取り込まれていれば、後者になるだろうが、この記述だけでは不明である。「一人残らず殺す。刀を借りて、首をも切って見た。こんな事は今まで中にない珍らしい出来事であった。××少尉殿並に×××××氏、×××××氏等に面会する事が出来た。皆無事、元気であった。帰りし時は午后八時となり、腕は相当つかれて居た」と記しているので、黒須上等兵は、相当殺したように思われる。

黒須上等兵は先ほどの近藤伍長と違って、この時にはあまり良心の呵責《かしゃく》がなかったようで、大いにやったという、興奮した精神状態で日記を書いている。だが、この人はまさに現場で、最後に止めを刺したという、そういうことを記録している。これが虐殺の現場中の現場にいて、現場で事をおこなった人の日記である。

以上の宮本少尉日記・遠藤少尉日記・近藤伍長日記・黒須上等兵日記は、同じ一三師団で、同じ事件について記したものであるが、記した人の立場が異なっている。将校と下士官と兵隊の三段階で、命令する人、現場を監督する人、そして実際に手を下す人である。

どの段階でもこういう日記が残っているということは、「捕虜」の組織的虐殺はまったく否定の余地がないということである。詳細に見ると、少しずつ「捕虜」の人数が異なっていることはあるが、数千人を一つの単位として、機関銃で殺害し、銃剣などで止めをさしたことは分かる。だが、どう解釈しても、虐殺がなかったとはおよそ言えない状況であり、こんなにみんなが揃って幻を見たということはあり得ない。しかも実際に手を下した人が、その日の日記に記述しているのであるから、否定のしようがない。

ところが、同じ現場を見た人でも、実際に虐殺が起こったその場に居合わせなかった人は、同じ日本兵でも違った印象を持った場合がある。事件直後に前述した第一三師団の虐殺現場の近くに到着した兵士の日記を見てみよう。

第一六師団輜重兵第一六聯隊輜重兵《しちょうへい》特務兵・小原孝太郎の日記

〔一九三七年一二月二四日〕南京・下関

扨《さて》、岸壁の下をのぞいたら、そこの波打際の浅瀬に、それこそえらい物凄い光景をみた。何んと砂〔浜〕の真砂でないかとまがふ程の人間が、無数に横〔往〕生してゐるのだ。それこそ何百、何千だろう。南京の激戦はこゝで最後の幕をとぢたに違ひない。決定的のシーンだ。数へ切れない屍体が横〔往〕生してゐる。敵はこゝまで来て、水と陸よりはさみ打ちに逢って致命的な打ゲキをうけたわけなのだ。わが南京陥落はかくてなったわけわけ《ママ》である。(6)

この小原輜重兵特務兵は、虐殺事件のあった直後に、後方から輸送部隊としてやってきて、一二月二四日に南京に到着している。そして、小原は、ここで最後の決戦がおこなわれて、そのために多くの戦死者がここで横たわっているのだと受け止めている。しかし、現実には、おそらく組織的に殺害された「捕虜」が、まだ流されないで山積みになっていたのであろう。

このように、同じ日本兵でも、同じ現場を見たという人でも、少し時間的にズレがあると、印象が違うのである。組織的虐殺後に南京に到着した人は、同じ日本軍であっても、あるいは同じ虐殺の現場をチラッと見ても、必ずしもそれが組織的に殺害されたものであると受け止めていない場合も結構ある。このあたりが、記録の扱いのなかなか難しいところである。

3　虐殺は組織的におこなわれていた

ここで示したのは、第一六師団と第一三師団の二つの記録だけであるが、当時の南京攻略戦には七個師団の部隊が参加していて、それぞれ担当場所を変えて攻略しているので、この第一六師団と第一三師団だけが特殊であったとも思えない。というのは、捕虜がどれくらい出たかということを報告している部隊は、ほとんどないからである。それは、大抵の部隊がこの第一六師団と第一三師団のように捕虜を現地で「処理」したということである。

ただ、「捕虜」を全部殺したわけではなく、最後に挙げた小原日記によると、捕虜になった中国兵をすぐさま苦力（クーリー——荷物持ちの労働者）として使っている部隊があったと記録している。それゆえ、「捕虜」をすべて殺したというわけではなくて、中には部隊長の判断で荷物持ちに使ったという部隊もあったということである。

そういう点でいうと日本軍のすべてというわけではないが、しかし残された日本兵の多くの日記を見る限りは、虐殺が組織的におこなわれていたということが分かる。それから非常に気になるのは、「捕虜」と言われている人の中に相当年齢が違う人が含まれているということである。本当に捕虜なのか。「捕虜」だと言っているけれども、かなり一般市民が混じっている可能性もある。

日本では二〇万人前後の戦闘員、捕虜、一般市民が殺害されたのではないかと言われる場合が多いのであるが、そのなかで一番数が多いのは、やはり「捕虜」の殺害である。一ヵ所に集めて機関銃で撃つというようなことが組織的におこなわれたということである。

4　南京事件は慰安婦問題の原点でもある

虐殺、それから徴発、略奪行為が相当おこなわれていて、これがますます中国人の抗日意識を燃え上がらせた。それから、性暴力である。これも南京事件の時に多発したことは明らかで、実は日本軍自身もこれには困ったのである。困ったのであるが、あまりにも無秩序な状態になっていて、憲兵もろくに取り締まれない。もちろん、日本の憲兵といえども性暴力を許しているわけではないので、中には捕まる日本兵もいる。捕まえられて、憲兵隊に連れてこられると、当然その人たちは、別に俺たちだけじゃない、何が悪いんだ、といったようなことを言う。逮捕された日本兵の中には起訴された人もいたが、それは本当にごく一部で、ほとんど野放し状態だった。

さすがに、これは日本軍の威信を低下させることだ、と当時の日本軍といえども考えたようで、その対策として、慰安所を置こうか、という発想になるわけである。そのため、南京陥落後、中国の戦地には非常に多くの慰安所が置かれるようになる。

日本側としては、激増する性暴力対策として慰安所が置かれた。慰安所を作っても、中に誰もいないというわけにはいかないので、当然、「慰安婦」をどこからか供給するということになり、主として朝鮮から連れてくる、ということになる。南京事件というのは、その後の「慰安婦」問題の、ある意味では原点でもあるわけだ。陸軍による最初の慰安所の設置は、一九三二年のことであるが、南京事件以降、爆発的に拡大した。

おわりに――南京陥落によっても戦争は終わらず、泥沼化へ

南京陥落によって戦争はどうなったのかというと、結局どうにもならなかった。南京は陥落した、しかし戦争は終わらない。ところが日本政府は、これで戦争は終わったと思ってしまった。日本政府は、現地（南京）でどんなことがおこなわれているのかということをリアルタイムでは正確には掴んでいなかった。外国メディアを通じて、南京でおこなわれたことが世界中に流されていたのである

が、これは中国側の宣伝戦であるというような解釈をして、あまり真剣に事態を捉えなかった。軍の中には、南京の事態はいくらなんでもまずかったのではないか、ということを密《ひそ》かに思っている人がいたようである。その結果が、慰安所の設置という別の歪んだ形の解決方法を取っていくわけである。

南京陥落というのは、日中戦争の大きな節目であり、このあと、翌一九三八年一月に、「爾後、国民政府を対手とせず」という声明を出してしまう。国民政府、つまり蔣介石政権はもう風前の灯で、一地方政権に転落したから、もう相手にする必要はないということで、この声明を出した。だが、このために、日本は自ら非常に困ることになる。「対手とせず」と言ってしまったものの、現実には、最後には話し合いをしなければ戦争を終わらせることはできない。ところがこの声明を出したために、自ら戦争解決の方法を失ってしまい、さらに中国奥地に進撃する。武漢三鎮《ぶかんさんちん》（漢口など三都市）を陥落させれば参るだろう、あるいはここを陥落させたら参るだろう、ということで奥地へ、奥地へと行ってしまう。

日中戦争ではピーク時、約一〇〇万人の兵力が中国戦線に張り付けられていたのであるが、日本軍が占領した土地について、単純計算で一人当たりの支配面積を割り出すと、日本兵は一キロ四方に一人なのである。これでは、とても占領地を維持できない。そんな状態なのに、無理やり戦争を続けざるを得ないので、焦りが高じていって、英米と対立を深めていって、三国同盟を結んで、武力南進をして、挙句の果てには対米英戦争ということになってしまうのである。

注

（1）「南京攻略戦『中島師団長日記』」『歴史と人物 増刊 秘史・太平洋戦争』（一九八四年）二六一頁。

（2）小野賢二ほか編『南京大虐殺を記録した皇軍兵士たち——第十三師団山田支隊兵士の陣中日記——』（大月書店、一九九六年）一三四頁所収。〔 〕内は山田による補足、原文がカタカナの場合にはひらがなに書き換えた（以下、同じ）。

（3）同前、二一九～二二〇頁所収。×は、資料集に編纂した際に実名を伏せ字にしたもの（以下、同じ）。

（4）同前、三二五～三二六頁所収。

（5）同前、三五〇～三五一頁所収。

（6）江口圭一・芝原拓自編『日中戦争従軍日記——輜重兵の戦場体験——』（法律文化社、一九八九年）一四三頁。

第二部　今、問われる歴史認識と戦争責任

第四章　真珠湾攻撃とは何であったのか

はじめに――安倍・真珠湾演説の二つの欠落点

二〇一六年一二月二七日（日本時間二八日）、安倍晋三《しんぞう》首相は、アメリカ合衆国ハワイの真珠湾軍港を訪れ、「和解の力」と題した演説をおこなった。その中にこのような一節がある。

オバマ大統領、アメリカ国民の皆さん、世界のさまざまな国の皆さん。私は日本国総理大臣として、この地で命を落とした人々の御霊《みたま》に、ここから始まった戦いが奪ったすべての勇者たちの命に、戦争の犠牲となった数知れぬ無辜《むこ》の民の魂に、永劫《えいごう》の哀悼の誠を捧げます。

戦争犠牲者に対する慰霊の言葉である。日本軍が国際法に違反したかたちで戦争を始めたことに対する反省や謝罪の姿勢が欠落していることもあるが、「ここから始まった戦い」という表現には、歴史認識の上で二重の意味で欠落したものがある。

「ここから」とは、一九四一年一二月八日（現地時間七日）からという意味と、真珠湾からという二つの意味が込められていると思われる。しかしながら、日本人にとっての戦争は、そのずっと前から三七年の盧溝橋事件から、あるいは三一年の柳条湖事件から中国を相手にして始まっていたのである。後述するように、対米英戦争は、日中戦争の打開のために始まったという性格を有しており、この演説は、日中戦争と対米英戦争の連続性を無視あるいは軽視する歴史認識に基づいている。これが第一の欠落点である。

もし、仮に百歩ゆずって、そうした戦争の連続性を無視したという歴史認識上の大きな欠落について保留し、「ここから始まった戦い」を対米英戦争であると限定したとしても、対米英戦争は真珠湾攻撃よりも七〇分ほど前（日本時間八日二時一五分頃）にマレー半島コタバル（当時は英領）への日本陸軍の上陸作戦から、しかもイギリスへは何の通告もなく始まっている。よく、アメリカへの通告（宣戦布告ではなく、交渉打ち切り通告）がワシントンの日本大使館の不手際で遅れたことをもって、「だましうち」は決して日本側の本意ではなかったとする見解があるが、イギリスに対して何の通告も、通告しようとする試みすらなかったことはどのように説明できるのか。対米英戦争がコタバルから始まったのではなく、真珠湾から始まったとするこの演説には、一二月八日の一連の軍事行動が、外交関係よりも軍事（作戦）優先におこなわれたことを隠蔽《いんぺい》する歴史認識が土台となっている。これが第二の欠落点である。

演説全体からすると一見ささいな表現上の問題と思われることであるが、この二つの欠落点こそが、図らずも中国や東南アジア諸地域への膨張・侵略戦争、国際的ルール（開戦の通告）よりも作戦の成否を優先する当時の日本国家のあり方を、どう捉えるのかという歴史認識上の大きな問題を浮き彫りにしているのである。

本章では、安倍演説の二つの欠落点が、何故に歴史認識上の大きな問題であるのかを明らかにするために、①そもそも日本軍はなぜ真珠湾攻撃に至ったのか、②一九四一年一二月八日の日本軍の軍事行動における真珠湾攻撃の位置づけ、③真珠湾攻撃の「戦果」の中身について検討し、日中戦争の泥沼化と日独伊三国同盟こそが対米英戦争への不可欠のステップであったこと、真珠湾攻撃は、対米英戦争緒戦期における主たる作戦ではなかったこと、真珠湾攻撃の「戦果」は一過性のものであったことなどを検証してみたい。

なお、本章における日付・時間は、特に断らない限り、すべて日本時間・二四時間表示である。

一　真珠湾攻撃への道

真珠湾攻撃に至る道を正確にとらえ、日中戦争からのアジア太平洋戦争への連続性を重視すべきことを指摘してきた。その連続性については、既に本書七三～八二頁で述べている。それをもう一度確認してもらえればとも考えるが、行論の必要からその要点を示しておきたい。

日本の対米英戦争は、直接には日本の南進（一九四〇年・四一年の仏印進駐）に原因があるが、そもそも南進という国家戦略は、中国への侵略戦争の結果でてきたものである。したがって、対米英戦争への道の検証は、満州事変から本格的に始まる日本の大陸への軍事的膨張からたどってみる必要がある。

一九三一年九月の満州事変とその後の「満州国」建国と熱河侵攻は、第一次世界大戦以後の世界秩序（ベルサイユ・ワシントン体制）を破壊する先駆けとなり、戦争とファシズムへと世界の歴史を大きく傾斜させた重大な事件である。関東軍が起こした軍事行動は、日本の国際的な孤立をまねいたが、「満州」を中国の中央政権から分離させたこの行動は、実行者である軍人だけでなく昭和天皇を始めとする日本の国家指導層に「成功事例」として強く認識された。「満州」を中国本土から分離させた日本は、「満州国」を安定的に確保するために、今度は華北五省を分離しようとした。当時「北支処理」と呼ばれた華北分離工作は、その実行は現地陸軍（支那駐屯軍）に任されたが、岡田啓介内閣が承認した正式の国策であった。

この蔣政権の影響下から華北を分離するという日本の国策が、一九三七年七月の盧溝橋事件を日中全面戦争に拡大させる重要な伏線となった。局地的衝突を利用してこの機に事態を拡大させ、華北分離を実現しようという目論見（あるいは発想）が日本側にあったからこそ華北で戦争が全面化したのである。

だが、戦争が始まってみると、日本側は華北分離だけでなく、蔣政権の打倒へと戦争目的を変更・拡大しただけでなく、「爾後、国民政府を対手とせず」とみずから戦争終結への道を閉ざし、「東亜新秩序声明」を出すに至って欧米列国をも敵にまわすことになった。日本軍による戦域拡大によって中国における権益を侵された欧米諸国は、日本の軍事行動を中国を独占しようとするものとみなすようになり、蔣政権を支援するようになったからである。日本にとって中国との戦争は、次第に欧米諸国との水面下の戦争の様相を呈するようになった。

日中戦争を終わらせるべく「援蔣ルート」遮断をめざす日本軍は、一九四〇年九月に北部仏印（現在のベトナム）に進駐し、ほぼ同時に、「援蔣の元凶」とみなした英・米をおさえるために、すでにヨーロッパで戦争を始めて、優勢を保持していた独・伊との間に三国同盟を結んだ。日本の南進と日独伊三国同盟の締結は、対英米関係を決定的に悪化させ、日本とアメリカとの間に経済封鎖と日本のさらなる南進というアジア太平洋戦争に至る悪循環を生み出していくことになる。とりわけ一九四一年七月二日の御前会議決定にもとづく日本軍の南部仏印への進駐によって日本軍はシンガポールを空襲圏内におさめることになり、対米英開戦は不可避になったといえる。

アメリカは即座に日本への石油輸出の禁止、在米日本資産の凍結という強硬な措置に出る。日本の対ソ開戦は、この石油禁輸とドイツの進撃が陸軍の予測ほどではなかったことから断念されるが、陸軍は自らの戦力を過信する一方で、米英の抗戦力とりわけ国民の精神力を過小評価し、また海軍は精鋭航空兵力への期待と戦略資源のジリ貧への恐怖感から、政府を対米英戦争に引きずっていくのである。

第二次世界大戦のドイツによる西方攻勢の開始から日本の対米英戦開始にいたる一年半は、日本がナチスドイツの世界戦略に連動して、援蔣ルート遮断・援蔣勢力圧迫によって日中戦争を終結させるとともに、南進によってアジアにおける勢力圏を一挙に拡大しようとした、現代史における最も野望に満ちた時期である。

アメリカ・イギリスなどにたいする戦争が、四回の御前会議をへて決定されていったことは、今日ではよく知られている。すなわち、天皇を頂点とする日本の国家指導層は、独ソ開戦（一九四一年六月二二日）直後の七月二日御前会議において、「南方進出の態勢を強化」するためには、すなわち南部仏印へ進駐を実行するにあたっては、「対米英戦を辞せず」との重大決意をおこなった。続く九月六日御前会議では、一〇月下旬までに日米交渉妥結のめどが立たない場合には、ただちに戦争を決意すると決定した。そして、日米交渉を進めつつ、一一月五日御前会議で一二月初旬の武力発動を決め、一二月一日御前会議において開戦を最終的に決定したのである。

日中戦争の解決に窮した日本は、中国を支援する欧米諸国とりわけ英米と対抗するために日独伊三国同盟を結び、援蔣ルート遮断と英米との戦争にそなえて資源を獲得するために南進し、遂には対米英戦争へと踏み込んだのである。対米英戦争の開始は、日米関係のこじれによるものというよりも、日中戦争と三国同盟との関係のなかで選択されたものであった。

二　一九四一年一二月八日における日本軍の軍事行動

1　軍事行動の始まり

一九四一年一二月八日、日本軍による本格的な軍事行動の第一撃は、二時一五分英領マレー半島コタバル海岸において始まった。これと同時刻、ハワイ真珠湾外では日本軍特殊潜航艇（甲標的）一隻が米軍によって撃沈されている。しかし、米軍駆逐艦は特殊潜航艇の撃沈を報じたものの、ハワイの米海軍司令部はこの情報をよくある誤報として重要視しなかった。二時三二分、オアフ島のレーダーが北方から接近しつつある飛行物体群を捕捉しているが、米軍はそれを当日到着することになっていた味方のB－17爆撃機の編隊と誤認した。当時、米軍は、海南島からマレー半島方面にむけて日本軍の輸送船団が南下しつつあることは察知していたが、ハワイのすぐそばまで日本海軍の大部隊が近づいているとは考えていなかった。数日前、アリューシャン列島ダッチハーバーの南方に日本艦隊がいる、との情報も入電していたが、よくありがちな錯誤・誤報であろうと処理されていた。

軍事情報は玉石混交でもたらされる。その中で何が正しく、何が重要であるかを判断するには、小さな兆候を見逃さない洞察力を必要とする。ハワイに日本軍の第一撃があるという予想はアメリカ政府・軍内部になかったわけではないが、長年にわたって日本海軍が受け身の作戦計画（日本近海で米艦隊を迎え撃つ）を練りに練ってきたことを知っている軍事専門家や諜報関係者ほど、日本海軍はハワイ攻撃などという投機的作戦はとらないだろうとの見解を明らかにしていた。アメリカ軍は、日本軍のハワイ攻撃を直前に予見できる情報をいくつか入手していたが、出先も中央も実際の戦争における情報分析にまだ慣れていなかった。

一方、ローズベルト大統領と軍首脳は日本軍の動きを察知していながら、あえて第一弾を日本に放たせるために、ハワイにそのことを知らせなかったという言説が、戦後くりかえし語られているが、アメリカ政府高官が日本軍のハワイ接近をたしかに知っていたという確たる証拠は見つかっていない。

　一二月八日三時二二分、ハワイ上空の第一次攻撃隊指揮官・淵田美津雄《ふちだみつお》中佐から「奇襲成功」を意味するトラ連送「トラ・トラ・トラ」が、機動部隊旗艦「赤城《あかぎ》」宛に発信された。このトラ連送は電波状態がよく、東京の軍令部でも、瀬戸内海の聯合艦隊司令部でも直接受信された。この場合の「奇襲成功」とは、米軍の迎撃機もなく、完全に不意をつくことができた、という意味であり、すでに攻撃を開始したとか、戦果があがったという意味ではない。日本軍によるハワイ空襲の第一弾は、トラ連送から三分後、三時二五分に開始されたフォード・ヒッカム両飛行場にたいする爆撃であった。そして、軍港へはさらにその二分後、雷撃《らいげき》隊が戦艦群への雷撃を始めている。つまり、真珠湾攻撃は、三時二五分に始まっているのであるから、日本軍のマレー半島コタバル上陸の七〇分後ということである。

　ハワイ空襲の知らせは、日本の東条英機《ひでき》首相には三時三〇分頃、アメリカのローズベルト大統領には三時四〇分（ワシントン時間七日一三時四〇分）に伝わっている。ワシントンの日本大使館で対米覚書（交渉打ち切り通告）のタイプが終了したのが、三時五〇分である。その頃ハワイでは、日本の第一派の空襲は終わり、爆煙につつまれた真珠湾上空にはいれちがいに第二派の空襲部隊が殺到しつつあった。また、ローズベルト大統領がスチムソン陸軍長官とハル国務長官に日本軍による真珠湾攻撃を電話で伝えた直後、四時〇五分、野村・来栖《くるす》両大使が対米覚書を持って国務省に到着した。すでに日本外務省が大使館に命じた手交指定時刻を一時間〇五分過ぎていた。ハル国務長官は両大使を冷たくあしらい、大いに怒って見せたが、日本側の通告の遅れは「だましうち」という格好の宣伝文句をアメリカに与えた。これは日本外交の大失敗であったが、そもそも空襲の三〇分前（三時）に交渉打ち切り通告を手交するという予定自体に無理があったといえる。また、イギリスに対しては、この種の通告も、通告する準備もまったくなされていない。

この間も日本軍の軍事行動は拡大しつつあった。タイでは八日四時に近衛師団の一部がバンコク南方海岸に上陸、四時一二分以降、タイ領マレー半島シンゴラ海岸などに第五師団の諸部隊が続々と上陸を始め、一部ではタイ軍とのあいだでかなり激しい戦闘になった。日本側はタイ政府要人をバンコクの日本大使館に七日夜から缶詰にして、日本軍の通過を強引に認めさせようとしていたが、ピブン首相が現れず、開戦前にタイ国内通過協定は成立しなかった。協定が成立していなかったが、三時三〇分、予定通り寺内寿一《ひさいち》南方軍総司令官は、タイ方面を担当する飯田祥二郎《しょうじろう》第一五軍司令官に即時タイ進攻を命じ、四時から一〇時ころにかけて日本軍は各地でタイ領に侵攻・上陸を開始した。九時ごろ行方をくらましていたピブン首相は現れ、タイ国軍にたいして交戦しないように指示を出した。日本軍通過に関する協定は、ピブン首相が一二時に調印したことにより成立した。しかし、突然の日本軍の侵攻に各地でタイ国軍は反撃し、とりわけタイ領マレー半島のプラチャップキリカンでは、終日、戦闘が続き、両軍に死傷者を出している。この日、二一時に日本国内では「泰《タイ》国に友好的に進駐を開始せり」という大本営発表があったが、これは全くの虚偽であり、米英戦争開始後における大本営発表のウソ第一号であった。

一二月八日、日本陸軍による英領マレー半島コタバル上陸に始まり、陸軍はタイ領内に侵攻、香港（英領）への攻撃も開始した。海軍は、真珠湾攻撃に続いて上海・シンガポール（英領）、ダバオ（フィリピンミンダナオ島）・ウエーク島（米領）・グアム島・ミッドウェー島を空襲あるいは艦砲射撃し、そしてフィリピンルソン島の米軍基地に大規模な空襲をかけた。

日本海軍によるフィリピン空襲は、ハワイ空襲開始からすでに一〇時間以上が経過しており、すでに米軍の迎撃態勢が十分整えられた中でおこなわれた。しかし、発進基地である台湾での濃霧によって海軍の空襲部隊の発進が予定よりも七時間以上も遅れたことが、ここではかえって米軍に大きく災いした（日本軍は当初、一時三〇分に台湾発進、七時三〇分にフィリピン空襲という計画を立てていた）。ハワイ空襲の情報を知らされたフィリピンの米軍航空部隊は、夜明けとともに、航空母艦から発進した日本軍の空襲部隊が来襲するだろうとの見通しをたて、近海の入念な哨戒をおこない、かつ迎撃戦闘機を発進させて上空に待機させていた。しかし、予想に反して、近海に日本軍空母もなく、また空襲部隊もいっこうに現れないので、午後になり燃料補給のために戦闘機部隊の大部分を地上に降ろした。まさにそのときに、台湾から発進した日本海軍の空襲部隊（戦爆連合一九七機、うち六機は事故等で空襲に参加せず）が零式艦上戦闘機（ゼロ戦）を先頭に襲いかかってきたのである。一瞬のすきをつかれた米軍の航空兵力（約二〇〇機）は、その大部分を開戦初日に地上で失ってしまった。これは米軍にとっては真珠湾での被害につぐ、大損害であった。

2　一二月八日の軍事的意味

一二月八日は、どうしても真珠湾がクローズアップされやすい。これは日本でもアメリカでも同様で、日本側はその冒険的作戦の「大戦果」を強調し、一方、アメリカ側は日本軍の「だましうち」を強調して、それぞれ自国民の戦意高揚に利用したからである。たしかに真珠湾攻撃はその規模といい、結果といい世界戦争史に残る注目に値する作戦であった。しかし、一二月八日の軍事的意味を歴史的に問い直してみる時、あらためて確認しておかなければならないことが二つある。

まず第一は、日本軍にとってハワイ作戦は主作戦ではなかったということである。緒戦における日本軍の第一の戦略目標は南方資源地帯の確保という点にあり、その時間をつくるために米海軍主力に打撃を与える必要があったのである。開戦時における日本の戦争指導の重点は、直接、アメリカを打倒することではなく、イギリスの打倒によってアメリカの脱落を待つということにあった。もちろん、アメリカの軍事力に大きな打撃をあたえられれば有利だが、それによってアメリカを敗北に追いこめるとはさすがに日本の統帥部も考えていなかった。

したがって、マレーやフィリピンなど南方侵攻作戦が主作戦であり、ハワイ作戦はあくまでも支作戦であったのである。一二月八日を考える場合、軍事的には真珠湾の派手な戦果に幻惑されず、マレー半島への上陸作戦やフィリピンでの航空撃滅戦の重要性を改めて確認しておかなければならない。

第二に、純粋に軍事的効果という点から見ると、真珠湾攻撃はアメリカの戦力に与えた影響という点では、意外に小さな効果しかあげられなかったということである。今日でも日本では真珠湾奇襲によって、アメリカ太平洋艦隊が壊滅したとよく語られるが、その壊滅はほんの一時的なものでしかなかった。一二月八日の時点で、アメリカ海軍は太平洋艦隊に、航空母艦七隻のうち三隻（レキシントン、エンタープライズ、サラトガ）、戦艦一六隻のうち八隻、巡洋艦三七隻のうち二七隻、駆逐艦一八〇隻のうち五九隻、潜水艦一〇九隻のうち二二隻を配置していた。

だから、これらのうち当日、真珠湾に在泊していたのは、戦艦八隻、巡洋艦七隻、駆逐艦二八隻、潜水艦五隻であり、日本軍の奇襲攻撃により戦艦四隻をふくめ合計一九隻が撃沈もしくは撃破されたけれども、航空母艦レキシントンとエンタープライズはハワイの外洋に、サラトガはアメリカ西海岸にあったため無傷で残った。戦艦もアリゾナ・オクラホマ・ウエストバージニア・カリフォルニアの四隻はたしかに真珠湾軍港内で撃沈されたが、ウエストバージニアとカリフォルニアの二隻はその後引き揚げられて修理のうえ再び就役、大破した戦艦テネシー・ネバダ・ペンシルバニア、中破したメリーランドもすべて修理され、戦列に復帰している。損傷した巡洋艦二隻、駆逐艦三隻もすべて修理されている。

結局、真珠湾内で撃沈・撃破された一九隻のうち最終的に放棄されたのは戦艦アリゾナ・オクラホマと標的艦ユタの三隻にすぎなかった。ユタは標的艦であるから、最初から戦力外であるので、米海軍は戦力となる艦二隻を喪失したにすぎない。つまり、残りの一六隻はまもなく戦列に復帰したのである。

したがって、真珠湾攻撃における「撃沈」とは一般の海戦における「撃沈」とは意味が異なり、戦力の永久的な喪失を意味するものではなかったのである。また、よく指摘される点ではあるが、日本軍の大規模な空襲も、ドックや石油貯蔵庫、弾薬貯蔵庫などハワイの軍事根拠地としての機能を破壊しておらず、また、ハワイとアメリカ本国との間の海上交通路を持続的に脅かす措置もとられなかった。

むしろ一二月八日を軍事的に見た場合、アメリカをより長期にわたってなやませたのは日本海軍のフィリピン空襲であった。この第一撃によって連合軍の極東空軍力の要であったフィリピンの米航空兵力はほとんど全滅した。南方資源地帯への進出と確保を第一の戦略目標としていた日本にとって、フィリピンの米軍航空兵力の撃滅は、戦略的にはハワイ空襲をうわまわる価値を持っていたといえる。

おわりに

本章では、安倍・真珠湾演説の二つの欠落点が、歴史認識上の大きな問題を示していることを論じてきた。現代の私たちにとって、真珠湾攻撃をふりかえる際にもっとも重要なことは、犠牲者の慰霊を「勇者」を称えるという形でおこなうのではなく、犠牲者を再び生まないための、戦争が戦争を生むという歴史認識をしっかりと私たちが共有することである。真珠湾攻撃という歴史的事件は、ある日突然起きたことではなく、日中戦争の打開に窮した日本が、中国を支援するイギリスを、さらにはアメリカを抑えれば中国も屈服するとの思いを強め、第二次世界大戦の中でイギリスと戦争をしているドイツ・イタリアと軍事同盟を結び、その力を背景に南進を企て、イギリス・アメリカとの関係を決定的に悪化させた結果なのである。

ところが、安倍演説は軍事同盟に依存したやり方を反省するのではなく、次のように述べている。

憎悪を消し去り、共通の価値のもと、友情と信頼を育てた日米は、いま、いまこそ寛容の大切さと、和解の力を世界に向かって訴え続けていく任務を帯びています。日本と米国の同盟は、だからこそ「希望の同盟」なのです。

かつて日本が、三国同盟の、とりわけドイツの力を過信してイギリス・アメリカに立ち向かったように、現在の日本は、アメリカの力を背景にして、「テロ」に立ち向かい、中国を包囲する戦略を推し進めている。

しかし、軍事同盟という選択は、自国を脅威から守ってくれるとの見方は、歴史的に見れば不十分なものである。軍事同盟は、つねに新たな脅威を作り上げ、危機を呼び込む一面があることを私たちは歴史から学ばなければならないと思う。

注

本章における歴史叙述は、宮地正人監修・大日方純夫・吉田裕・山田朗・山田敬男『日本近現代史を読む』（新日本出版社、二〇一〇年）を土台にし、日時や兵器に関するデータは、佐々木隆爾・木畑洋一・高嶋伸欣・深澤安博・山崎元・山田朗編著『ドキュメント真珠湾の日』（大月書店、一九九一年）に依拠している。

第五章　戦争責任論の現在と今後の課題

——戦争の〈記憶〉の継承の観点から——

はじめに

一九四五年の日本の敗戦から七〇年以上の歳月が経過した。当たり前のことであるが、敗戦時に一〇歳だった人、すなわち戦時の記憶を有する最も若い世代に属する人が八〇歳を越え、二〇歳だった人、すなわち軍隊の体験を有する最も若い世代に属する人が九〇を過ぎたということだ(1)。戦争体験世代あるいは、戦争や戦時の生活を少しでも記憶している世代は、もはや圧倒的な少数派になっている。統計上、戦争・戦時を自らの体験として有している人びとが日本の総人口に占める割合は、一〇％を切ったと考えてよいであろう。[2]

七〇年以上という歳月の経過は、〈体験〉や〈証言〉として戦争・戦時が語られる時代から、少数派となった戦争体験者と多数派となった非体験者によって構成された戦争の〈記憶〉が、非体験者からさらに次の世代の非体験者へと継承される時代になったということを示している。

戦争責任論も、このような時間の経過の中で、体験者の〈戦争責任〉から非体験者の〈戦後責任〉へと議論の中心をシフトさせてきたと言ってよい。

本章では、成田龍一氏や吉田裕氏らによって検討・提起されてきた戦争の〈記憶〉と戦争責任に関する研究を出発点としつつ、[3]戦争・戦時の〈記憶〉の継承ということを一つの軸にして、戦争責任論の変遷、戦争責任追及と歴史修正主義の台頭の関係性、そして戦争責任論の今後の課題についてまとめておきたい。

一　戦争責任論の変遷

1　誰の何に対する責任か

戦争責任を議論する際、それは「誰の何に対する責任か」を問うことなのだが、議論がなされる時代によってそれは変化してきた。成田龍一氏は、戦後における「戦争像の系譜」として、一九四五年から六五年頃までを〈体験〉として戦争が語られる時期、六五年頃から九〇年頃までを〈証言〉として戦争が語られる時期、九〇年以降を〈記憶〉が言われる時期と区分している。[4] 語る者と聞く者という観点から換言すれば、〈体験〉期とは体験者が主に同時代人である体験者に語る時期、〈証言〉期とは体験者が非体験者に語る時期、〈記憶〉期とは体験者と非体験者が次世代の非体験者に語る時期ということになるであろう。この「戦争像の系譜」をめぐる時期区分は、そのまま戦争責任論の変遷とも重なり合うものである。

「誰の何に対する責任か」という観点から戦争責任論の変遷を概観すれば、一九四五年から六五年頃までの時期は、まさに軍部指導層の、敗北におわった戦争指導に対する責任、多くの日本人を被害者・犠牲者にしてしまったことに対する責任が問われたといえよう[5]。これは圧倒的多数の日本人の被害者意識、犠牲者としての自己認識を背景にしている。A級戦犯には厳しい目が向けられたが、BC級戦犯には一定の同情が集まったことがそれを示している。だが、戦争責任が、まずは戦犯裁判という、個人の責任を追及するという形で、しかも占領軍の圧倒的な上からの力で問われたことが、日本人の戦争責任に対する感情を屈折したものにしたことは否めない。すなわち、戦争責任の追及が、上からの制裁としてではなく、戦争の後始末の不可欠の一部として、将来の日本社会と国際関係を再構築するために必要なものであるという認識を抱きにくい状況が作られたといえる。〈体験〉として戦争が語られたこの時期は、戦争体験者が同じく戦争体験者へと、言わずもがなの同時代感覚を前提として「この前の戦争」が語られ、被害者・犠牲者として強く自己を認識している戦争体験者が戦争責任について論じていた時期であった。

だが、一九六五年頃からの〈証言〉の時期、すなわち、次第に戦争体験者が非体験者に対して戦争を〈証言〉として（非体験者に伝えることを意識して）語る時期になると、それまでの軍部指導者の、無謀な戦争を強行して多くの日本人を犠牲者にしてしまったことに対する責任ということに加えて、多くのアジアの人々をも犠牲者にしてしまったことに対する加害責任が想起されるようになった。これは、六〇年代後半の、ベトナム戦争に日本も加担していると批判するベトナム反戦運動や日本企業のアジアに対する「経済侵略」を糾弾するラジカルな社会運動が、かつての日本の戦争の侵略性をも告発するようになったことが背景にあるだろう。だが、日本がおこなった戦争の加害性が指摘されるようになったとは言っても、誰の責任かという点では、基本的に戦争体験者世代の指導者（特に軍指導者）の責任を、体験世代とその次世代の非体験世代（親が体験世代）が追及するという時期であったといえる。

2　〈記憶〉の時代：戦争体験者から非体験者へ

だが、〈証言〉として戦争が語られた時期の後半は、〈証言〉から〈記憶〉への過渡期であり、戦争像と戦争責任をめぐって変動が起こっていた。一九七〇年代半ばには、従来の軍部指導者たちの責任だけではなく、昭和天皇の欧米訪問を契機に、井上清『天皇の戦争責任』（現代評論社、七五年）を嚆《こう》矢《し》としてそれまでタブー視されていた天皇の戦争責任が問われるようになり、天皇と一般国民の責任を問わないことで成り立っていた被害者・犠牲者意識を土台とした日本人の戦争観にゆらぎが見え始めた。また、八二年には、教科書問題が初めて国際問題として姿を現し、アジアのナショナリズムというそれまでは封印されていたファクターが、日本人の戦争の〈記憶〉の掘り起こしを迫るようになった。

戦争が〈記憶〉として語られる時期（一九九〇年以降）は、戦争非体験者から非体験者への継承が中心になった時期である。すなわち、戦争体験者が体験者を相手に〈体験〉として語り、さらには次第に非体験者を意識して〈証言〉として伝達していた時期から、〈体験〉〈証言〉から一定の戦争イメージを獲得した戦争非体験者が、同世代人と次世代の戦争非体験者に戦争を語る時期へと移行したということである。非体験者間の〈記憶〉の継承が中心となったことは、戦争をめぐる語りが、起こったものとしての戦争（実在としての戦争）から書かれたものとしての戦争、〈記憶〉として再構成されたものとしての戦争へとシフトしたことを意味していた。

そして、極めて重要なことに、九〇年代になると〈従軍慰安婦〉問題に端を発する戦後補償訴訟などによって、戦前・戦中の日本政府に対する植民地支配の責任が、さらには現在の日本政府に対する〈戦後責任〉が問われ始めたのである。〈記憶〉として再構成された戦争における一定の〈加害〉認識と、アジアのナショナリズムによる外側から迫られる否応のない〈記憶〉の掘り起こし、すなわち日本人の多くが忘却しようとしていた〈従軍慰安婦〉や〈強制連行〉などの〈記憶〉が外圧によって露出させられたことで、さらにそれに研究者・社会運動体が刺激を与える形で「河野談話」（九三年）、「村山談話」（九五年）が政府によって発出される結果となった。

戦争責任論の本質、「誰の何に対する責任か」ということでいえば、日本政府のアジア諸国民に対する侵略と植民地支配の責任ということが、戦争から五〇年という歳月を経て、ようやく意識されるようになったのである。

だが、こうした〈記憶〉の継承にもとづく戦争責任論は、その後、歴史認識の衝突が、ナショナリズムの激突という様相を呈したために、かならずしも順調には深化せず、むしろ前進と混乱を繰り返すことになる。

二　歴史修正主義の台頭

1　戦争責任論の展開と歴史修正主義台頭の関係性

二〇〇〇年代以降、戦争や植民地支配の〈記憶〉を取捨選択し、再構成して〈歴史〉としてどのように残すかという作業の中で、忘却と歪曲にもとづく歴史修正主義の潮流が強まった。〈従軍慰安婦〉や〈強制連行〉に関するネット上の言説を一瞥《いちべつ》すれば明らかなように、それが往々にして偏狭なナショナリズムに支えられていることは確かだが、そうした言説の根にあるのは、単なる復古主義ではなく、戦争や植民地支配の実態を知ろうとせず、「そんなことがあったはずがない」と思い込んでいる現代人の感覚だけで歴史を見ようする傾向、ネットの検索だけで玉石混交の情報から自分の感情にそったものだけを拾い上げる姿勢である。だが、歴史修正主義を単なる皮相な潮流と見てしまっては、それが蔓延《まんえん》する構造を捉えそこなってしまう。

表面的に観察すれば、皮相なものに見える歴史修正主義ではあるが、そもそも戦争責任論の展開と歴史修正主義の台頭には一定の関係性があることも確かであり、そうした言説の台頭は、〈記憶〉の再構成・継承をめぐる社会的な葛藤の一局面と見ることができる。(6) 戦争責任論の主たる潮流が、「指導者責任論」に、すなわち〈戦争責任〉の追及の矛先が、戦時指導者とりわけ軍閥・軍指導者層に向けられていた時期が過ぎ、一九九〇年代になりそれまでは戦争責任論の周辺部に位置していた一般兵士・民衆の〈戦争責任〉がクローズアップされるようになると、それへの反動・反発という形で、歴史修正主義が台頭してくる。〈南京大虐殺〉〈従軍慰安婦〉〈強制連行〉という歴史修正主義言説の三大テーマは、いずれも一般兵士・民衆の〈戦争責任〉とりわけ〈戦争犯罪〉に密接にかかわるものである。「大虐殺」を引き起こした一般兵士、「慰安所」に通った一般兵士、「強制連行」に加担した一般民衆、こうしたところに追及の焦点があてられた時、軍部指導者の〈戦争責任〉が追及されていた時には、沈黙あるいは共感していた日本人の被害者意識に根ざす心性は、沈黙や共感とは異なる複雑な反応を示すようになる。

また、多くの場合、このような一般兵士・民衆の〈戦争犯罪〉の「告発」が、教科書問題や〈従軍慰安婦〉〈強制連行〉に関する戦後補償裁判というような形で、アジアの近隣諸国から直接になされたことは、ナショナリズムの衝突という要素が、戦争責任問題に否応なく付加されたことを意味している。バブル経済崩壊後の経済低迷と自信喪失という日本社会の状況を背景にして、先鋭なナショナリズムを後ろ盾にした〈戦争犯罪〉〈加害〉の「告発」がなされたことは、一方で近現代史をはじめとする研究分野での〈戦争犯罪〉研究の深化・展開を確かにもたらしたが、他方で日本人のナショナリズム（この場合はかなり偏狭な）あるいは、自分たちは〈被害〉者であったはずだとする自己認識に後押しされた歴史修正主義の言説を生み出すことになる。

2　政府答弁書による歴史修正主義的言説の権威化

重要なことは、そうした歴史修正主義的言説が、ネット上にとどまらず、ナショナリズムを導火線として、政界に蔓延し、さらにそれが権威化された言説として環流するという構造が出来上がったことである。その典型的事例が、〈従軍慰安婦〉の強制性をめぐる二〇〇七年政府答弁書である。これは、〇七年三月一六日付の「衆議院議員辻元清美《つじもときよみ》君提出安倍首相の『慰安婦』問題への認識に関する質問に対する答弁書」である。そこには次のように記されている。

お尋ねは、「強制性」の定義に関連するものであるが、慰安婦問題については、政府において、平成三年十二月から平成五年八月まで関係資料の調査及び関係者からの聞き取りを行い、これらを全体として判断した結果、同月四日の内閣官房長官談話（以下「官房長官談話」という。）のとおりとなったものである。また、同日の調査結果の発表までに政府が発見した資料の中には、軍や官憲によるいわゆる強制連行を直接示すような記述も見当たらなかったところである。[7]

この答弁書の文中の「これらを全体として判断した結果、同月四日の内閣官房長官談話のとおりとなった」としているその「談話」は、「河野談話」（一九九三年八月四日）そのものである。つまり、第一次安倍内閣時の慰安婦問題に関する政府答弁書は、結論としては「河野談話」をすべて容認しているものなのである。しかし、二〇一二年一二月三〇日に『産經新聞』のインタビューに答えた安倍首相は、「河野談話」について次のように述べている。

平成5年の河野洋平官房長官談話は官房長官談話であり、閣議決定していない談話だ。19年3月には前回の安倍政権が慰安婦問題について「政府が発見した資料の中には軍や官憲によるいわゆる強制連行を直接示すような記述は見当たらなかった」との答弁書を閣議決定している。この内容も加味して内閣の方針は官房長官が外に対して示していくことになる。[8]

「河野談話」は、談話本文からも明らかなように慰安婦が「強制連行」されたとは直接的には述べていないにもかかわらず、安倍首相は、「河野談話」が閣議決定されていないとして、閣議決定された二〇〇七年政府答弁書をあたかも「河野談話」に対置するものであるかの如く述べ、「政府が発見した資料の中には、軍や官憲によるいわゆる強制連行を直接示すような記述も見当たらなかった」点のみを強調したのである。

この政府答弁書が出る前には、〇六年一〇月一六日に『読売新聞』が社説において米下院の国際関係委員会が慰安婦問題について日本非難決議案を議決したことに関して、「決議案は、『20万人もの女性が性奴隷にされた』『家から拉致され…性的な強制労働につかされた』などと、裏づけのない記述が数多く含まれている。」「90年代半ばには、学術レベルでは『強制連行』はなかったことで決着がついた問題」などと記している。この社説で学術レベルでは「決着がついた」とされる一九九〇年代の半ばは、戦争責任論の一環としての戦争犯罪研究が進展した時期で、吉見義明『従軍慰安婦』（岩波新書、九五年）、吉見義明・林博史編『共同研究・日本軍慰安婦』（大月書店、九五年）などの著作があいついで発表され、学術レベルの議論が深まった時期である。その後、慰安婦の〈強制連行〉を否定する秦郁彦『慰安婦と戦場の性』（新潮社、九九年）が出されたが、〈強制連行〉はなかった、という点で学術レベルでの決着がついたわけではなかったはずである。しかし、秦郁彦説↓『読売新聞』社説↓〇七年政府答弁書とつながる〈強制連行〉否定の流れができたことも確かである。

〇七年の政府答弁書や安倍首相の発言の言う慰安婦の〈強制連行〉とは、人さらいのような暴力的な拉致という狭義の意味での〈強制連行〉を指しているものと思われるが、いくら何でも力ずくで

（法を逸脱してでも）連行してこい、というような直接的な表現の官憲資料はそもそもが作成されるであろうかという問題がある（もし仮に、存在したとしても敗戦時にまず焼却されたであろう）。しかし、それでも、スマラン事件（白馬事件）では、オランダ人慰安婦がまさに〈強制連行〉されたことが分かっている。スマラン事件とは、一九四四年日本軍占領中のインドネシア・ジャワ島において、南方軍管轄の第一六軍幹部候補生隊に属する軍人たちが、抑留所（民間人の収容施設）にいたオランダ人女性三六人をスマランにあった慰安所四ヵ所に〈強制連行〉し慰安婦としたもので、関係者は、戦後オランダ臨時軍事法廷でBC級戦犯として裁かれ、軍人・業者らに有罪が宣告されている。このスマラン事件における慰安婦強制連行の事案は、すでに一九九五年の時点で、吉見義明『従軍慰安婦』（岩波新書）においても紹介されているのであるから、〇七年政府答弁書の段階で、スマラン事件を政府が知らないということは考えられない。それを知りながら言及せず、「軍や官憲によるいわゆる強制連行を直接示すような記述も見当たらなかった」と公表したのである。

しかしながら、歴史的事実とは無関係に、この〇七年政府答弁書の「強制連行を直接示すような記述も見当たらなかった」という一節は、歴史修正主義者の中で「慰安婦の強制連行はなかった」という政府見解が示されたと「解釈」され、さらに「慰安婦は強制されたものではなく自由意志だ」、要するに「公娼《こうしょう》と同じだ」、「合法的なものだった」、さらには「売春一般と同じだ」と連鎖的に曲解されていった。そしてさらにこの慰安婦の〈強制連行〉否定の連鎖は、朝鮮人労働者の〈強制連行〉の否定へと燃え広がっていくのである。政界に蔓延した歴史修正主義的な言説は、政府答弁書や首相の発言という形で発出されたことで、それが権威化された言説として、ネット上の言論空間に環流し、猛威を増幅させたのである。

三　戦争責任論の課題：戦争の〈記憶〉の希薄化のなかで

1　戦争の〈記憶〉の希薄化

戦争の〈記憶〉の希薄化が語られるようになってすでに久しい。戦争の時代を生きた人々の〈体験〉が、継承対象者を意識したり、あるいは継承者によって引き出されることによって〈証言〉となり、それら体験世代の次世代・次々世代に継承されつつ再構成されて〈記憶〉となる。だが、いくつもの〈記憶〉群が、公的な〈記憶〉へと再構成されていく前に、時間的な経過は、〈記憶〉の継承だけではなく、忘却・消滅をも必然的に生み出していく。

成田龍一氏は、戦争像の系譜を、もともと戦争の渦中で戦争が〈状況〉として語られた時期（一九三一年頃から四五年)、〈体験〉として戦争を語る時期(四五年から六五年頃)、〈証言〉として戦争が語られる時期(六五年頃から九〇年頃まで)、〈記憶〉が言われる時期(九〇年以降)と時期区分して、巧みにそれぞれの時期の特徴を分析し、「この変化は、戦争の経験者が経験の共有を前程に語る(語りうる)という状況から、経験者が次第に少数派になるという推移でもある」[9]としている。

戦争の〈記憶〉は継承されつつ、さまざまな位相の〈記憶〉が再構成されてしだいに公的な〈記憶〉(「公共の記憶」という言い方もある)となり、いずれ〈歴史〉となっていく。しかし、現代における重要かつ深刻な問題は、〈体験〉〈証言〉が土台となって、一部では戦争の〈記憶〉として一定の課題意識のもとに整理・継承されているにもかかわらず、日本社会全体として、戦争の〈記憶〉総体の希薄化が進展していることである。この希薄化の背景には、戦争責任論に密接に関連する戦争の〈記憶〉の継承のされ方、〈記憶〉の私的継承の断絶という問題がある。

戦争の〈記憶〉の継承は、一般の〈記憶〉の継承と同様に、大別して私的継承と公的継承(公的の〈記憶〉の構成)とに分けられる。私的継承とは個人や家族で継承されるミクロなものであり、公的継承とは教科書記述に代表されるマクロなものである。私的継承として個人・家族において継承される私的な〈記憶〉は個別具体的で特殊なものを多く含んでいるが、それが地域や社会集団の中で集約され、同時代人の共通体験として意識されるようになったものが公的〈記憶〉＝〈集団的記憶〉と表現されるものである。この公的〈記憶〉はその時代を生きた人々の私的な〈記憶〉群の最大公約数のようなもので、この公的〈記憶〉を土台にして構成・叙述されたもの(教科書など)を使って学校などで社会的に〈記憶〉を継承するのが公的継承である。個人の記憶から始まった〈記憶〉の継承は公的継承の段階をへて、〈歴史〉としての継承へとつながっていく。つまり、①私的継承→②〈集団的記憶〉→③公的継承→④〈歴史〉化という流れが想定できる。ただし、公的〈記憶〉＝〈集団的記憶〉がそのまま〈歴史〉になるわけではなく、そこには一般には忘却されていたが、新たに「発見」「発掘」された〈記憶〉が組み込まれる形で〈歴史〉化が進展するのである。

ここで重要なのは、〈記憶〉の私的継承が断絶してしまうと（特定の事柄が個人・家族のなかで継承されないと）、公的〈記憶〉も形成されにくくなり、あるいはきわめて希薄化した公的〈記憶〉しか形成されず、公的継承に結びつきにくくなるということであり、社会全体の〈記憶〉の希薄化を推し進めてしまうということである。

次に、この〈記憶〉の継承という問題を戦争の〈記憶〉にひきつけて再考してみよう。

2　戦争の〈表の記憶〉と〈裏の記憶〉

戦争の〈記憶〉には明らかに〈表の記憶〉と〈裏の記憶〉といえるものがある。

〈表の記憶〉とは、①→②→③が形成されやすい分野の〈記憶〉であり、具体的には〈栄光〉と〈被害〉というキーワードでまとめられる。戦争の〈栄光〉の部分、例えば勝ち戦や凱旋《がいせん》の〈記憶〉、戦争の〈被害〉の部分、例えば空襲体験や疎開の〈記憶〉は、家族の中で親から子へと比較的語りつがれやすいものである。ただし、〈被害〉の度合いが極端なものになればなるほど、〈体験〉〈証言〉として語られるまでに（トラウマが癒されるまでに）、長い歳月を必要とするものもある。

その一方で〈裏の記憶〉とは、①が断絶しやすい分野の〈記憶〉であり、まさに戦争責任論に直結するもので、そのキーワードは〈秘匿〉と〈加害〉である。戦争の〈秘匿〉すべき部分、例えばスパイ行為の〈記憶〉、戦争の〈加害〉の部分、例えば、戦地や占領地での残虐行為や違法行為の〈記憶〉は、ほとんど家族の中で親から子へ、孫へとは語りつがれないものである。すなわち、戦争の〈記憶〉の私的継承が断絶する要因としては、その〈記憶〉が、家族（とりわけ子ども）に話せないことなど）がある場合、社会的な圧力（有形・無形の）によって話せない場合（天皇・〈秘密戦〉（残虐行為など）であるといえる。戦争責任論とりわけ戦争犯罪論として取り上げられる〈秘匿〉と〈加害〉が同時にかかわるような問題（組織的な残虐行為・性暴力・謀略など）は、私的継承がなされないだけではなく、そのような〈記憶〉を抹殺しようとするベクトル（発言者への暴力・圧力）さえ働くことがしばしばある。

〈記憶〉の私的継承がなされない戦争の〈裏の記憶〉の部分は、当然のことながら公的〈記憶〉は形成されにくく、公的〈記憶〉を土台とする公的継承もほとんどなされない。したがって、こうした戦争の〈裏の記憶〉の部分については、研究者や教育者が史実を掘り起こし、意識的に〈記憶〉を「発見」「発掘」し、その継承を図らないと、〈記憶〉は歴史の闇の中に消え去ってしまう。私たちは、過去の歴史から十分な知見を得ようとするならば、戦争の〈表の記憶〉だけでなく、継承されにくい、あるいはすでに消滅しかかっている〈裏の記憶〉をも、時にはそれを「発見」「発掘」しつつ継承していくことが必要なのである。そして、そうした記憶の「発見」「発掘」のためには、戦争責任論の進展がなければならない。

3　戦争責任論の課題：〈裏の記憶〉継承の契機として

それでは、戦争の〈記憶〉の社会的希薄化が進行している中で、私たちにとっては何が必要なのか。第一は、〈記憶〉の継承方法の再検討であり、第二は、継承すべき〈記憶〉の再構成と〈歴史〉化である。これらは、ともに戦争責任論の展開と深化に密接にかかわる問題である。

〈記憶〉として構成された戦争が語られる現在、〈戦争責任〉〈戦後責任〉を包括する広義の戦争責任とは、「誰の何に対する責任か」という観点からすれば、第一に、存在したものとしての戦争を遂行した天皇を頂点とする日本政府・軍部・国民の、あらゆるアジア（日本を含む）の被害者・犠牲者に対する責任であり、第二に、戦争と植民地支配の後始末を先送りにしてきた戦後の日本政府と先送りを容認してきた日本人の、アジア（日本を含む）の被害者・犠牲者とその〈記憶〉を継承する人々への〈戦後責任〉であり、第三に、戦争と支配の〈記憶〉を再構成、継承する者の、〈記憶〉の次なる継承者に対する責任である。

第一の狭義の〈戦争責任〉（存在したものとしての戦争の責任の所在の追及）を明らかにするためには、〈戦争犯罪〉に限らず、存在したものとしての戦争の実態解明をさらに進める必要がある。その際、先述した今や〈裏側の記憶〉となってしまっている部分の「発見」「発掘」が重要なことは言うまでもない。七〇年以上という歳月の経過によって、忘却され（させられ）、消滅してしまった戦争の痕跡・〈記憶〉は数多く、それらの復元作業は、日本の中で閉じられた作業としてではなく、厳しいナショナリズムの荒波をかぶりながらも、戦争が包摂《ほうせつ》したあらゆる地域に対する研究が蓄積されなければならないだろう。

そして、第二の〈戦後責任〉（戦争の後始末の一環としての〈戦争責任〉の追及を放置・先送りしてきた責任）という点については、具体的な被害者・犠牲者の救援は大きな前提であるが、そうした被害者・犠牲者の〈記憶〉を引き継ぐ人びとへの説明責任を果たさなければならないだろう。ここでも、〈歴史認識〉のギャップ、それぞれが継承した〈記憶〉のギャップを乗り越えることは容易ではないが、議論の土台となりうる〈記憶〉の再構成が追求される必要がある。

このように戦争責任論の現在と課題を検討していくと、第一（継承方法の再検討）・第二（再構成と〈歴史〉化）の問題の先には、戦争と支配の〈記憶〉の再構成と継承という第三の問題に行き着く。この部分の進展なくして、戦争責任の問題は新たな段階へと進むことはできない。戦争と支配の〈記憶〉の再構成をどのように進めるのか、それは戦争と植民地支配というあまりにも巨大な対象をどのように〈歴史〉化するか、ということであるが、それは因果関係で織りなす壮大な「物語」として再構成することが目指されれば目指されるほど、その〈歴史〉の現場に存在した人間の「顔」は見えなくなるという関係性が生じる。

　そうなると結局、さまざまな〈体験〉〈証言〉〈記憶〉を活用し、異なる位相の歴史叙述を充実させることで、全体として相対的により真実に近い〈歴史〉を叙述するということになろう。唯一・絶対の〈歴史〉などという構成をすることは不可能だし、目指すべきではないが、極端な相対主義に陥ることは歴史修正主義を蔓延させるだけである。

おわりに

　戦争・戦時の〈記憶〉の再構成・継承ということを一つの軸にして、戦争責任論の変遷、〈戦争責任〉追及と歴史修正主義の台頭の関係性、そして戦争責任論の今後の課題についてまとめてきた。戦争責任論は、歴史学に限らず、さまざまな学術分野にかかわる問題であるし、研究と運動（戦後補償・人権擁護運動）がクロスする分野でもある。研究サイドからスタートしても、運動サイドからスタートしても、私たちがどのような〈歴史認識〉を構築するのか、どのように戦争・植民地支配の

〈記憶〉を再構成して、さらにそれを〈歴史〉化できるのかという問題に行き着く。
　戦争と植民地支配という巨大で、しかも過去に過ぎ去ったことのすべてを復元することが不可能である以上、〈記憶〉を再構成するにあたっては、さまざまに衝突しあう〈記憶〉群の中から何かを取捨選択しなければならないし、〈歴史〉化にあたっては、公的な〈記憶〉にはおさまりきらなかった〈裏側の記憶〉をあらたに組み込むことも必要になる。そしてそうした作業を進めるためには、戦争と植民地支配における被害者・犠牲者の思いに、完全に同一化することは無理なことであるにしても、そうした人々の存在を〈歴史〉の中に、可能な限り「顔」が見える形で書き残していく歴史叙述の方法を模索し、つねにその成果の検証を怠ってはならないと思う。

注

（1）厳密に言えば、徴兵年齢は一九四四年から一九歳に引き下げられているし、一〇代半ばで「少年兵」という形で下士官候補の志願兵であった人々もいるので、八〇歳代で「軍隊」を体験している人は存在する。

（2）総務省統計局のデータによれば、二〇一三年一〇月一日現在、七八歳以上の人々を合計すると一一六五・〇万人で、日本の総人口（一億二七二九・八万人）に占める割合は九・一％となる。
【URL】http://www.stat.go.jp/data/jinsui/2013np/pdf/tables.pdf

（3）戦争の〈記憶〉論と戦争責任論の相互補完性は、『岩波講座アジア・太平洋戦争』第一巻〈なぜ、いまアジア・太平洋戦争か〉（岩波書店、二〇〇五年）所収の成田龍一「戦争像の系譜――状況・体験・証言・記憶」と吉田裕「戦争責任論の現在」の二つの論文がよく示している。本章における検討は、この成田・吉田論文の分析に依拠しつつ、二論文発表後の状況に対応しようとするものである。なお、戦後日本人の戦争観の変化については、吉田『日本人の戦争観』（岩波書店、一九九五年）を参照のこと。

（4）前掲、成田「戦争像の系譜――状況・体験・証言・記憶」、『岩波講座アジア・太平洋戦争』第一巻、五頁。なお、成田は、これらの前に位置する一九三一年頃から四五年までが〈状況〉として戦争が語られた時期としている。

（5）なお、本章では、戦争そのものへの直接的な責任を〈戦争責任〉、戦後、〈戦争責任〉の追及、被害者・犠牲者への補償を回避・先延ばしにしてきた責任を〈戦後責任〉と使い分け、両者をあわせて広義の戦争責任と定義している。

（6）前掲、吉田「戦争責任論の現在」、『岩波講座アジア・太平洋戦争』第一巻、一〇五頁。

（7）【URL】http://www.kiyomi.gr.jp/activity/kokkai/inquiry/a/20070316-1214.html（二〇一五年四月一〇日閲覧）。

（8）【URL】http://sankei.jp.msn.com/politics/news/121231/plc12123102070001-n4.htm（二〇一五年四月一〇日閲覧）。

（9）前掲、成田「戦争像の系譜――状況・体験・証言・記憶」、『岩波講座アジア・太平洋戦争』第一巻、五～六頁。

第六章　「植民地支配と侵略」の計画性と国家の責任

はじめに

今から二二年前、一九九五年八月一五日に発出された村山内閣総理大臣談話「戦後50周年の終戦記念日にあたって」、いわゆる「村山談話」には以下のような一節がある（ゴチは引用者）。

わが国は、遠くない過去の一時期、国策を誤り、戦争への道を歩んで国民を存亡の危機に陥れ、**植民地支配と侵略**によって、多くの国々、とりわけアジア諸国の人々に対して多大の損害と苦痛を与えました。私は、未来に過ち無からしめんとするが故に、疑うべくもないこの歴史の事実を謙虚に受け止め、ここにあらためて痛切な反省の意を表し、心からのお詫びの気持ちを表明いたします。

このように「村山談話」においては「とりわけアジア諸国の人々に対して多大の損害と苦痛を与え」た元凶として「植民地支配と侵略」が指摘されている。

だが、「植民地支配と侵略」についての現代日本人の多くの〈記憶〉は、教科書などで概念として学習したもので、ほとんど自分自身と結びつきをもたないものになっている。戦争の時代の〈記憶〉を自分のものとして保持している人々が、日本の総人口に占める割合は、いまや一〇%を切った。[1]「植民地支配と侵略」は、過去の〈記憶〉の継承という点では、親が子に伝えにくい〈私的継承がされにくい〉〈裏の記憶〉[2]であるがゆえに、研究者や教育者が常に、史実を確認したり、時には史実を掘り起こし、意識的に〈記憶〉を「確認」あるいは「発見」「発掘」し、その継承と〈歴史〉化を図らないと、〈記憶〉はしだいに希薄化して、いずれ歴史の闇の中に消え去ってしまう。

本章においては、「植民地支配と侵略」の〈記憶〉を「確認」するために、今なお繰り返されている「植民地支配と侵略」を肯定しようとする言説を検討しつつ、アジア太平洋戦争開戦直前に決定された「南方占領地行政実施要領」と大戦中に決定された占領地の帰属に関する「大東亜政略指導大綱」に焦点をあて、日本の植民地・占領地支配の計画性と国家責任を明らかにしたい。

一 「日本だけではない」「良いこともした」という言説の問題点

戦後七〇年以上が経過して、現代の私たちのなかで、とりわけ戦争非体験世代のなかで、知識と構想力の不足から「植民地支配と侵略」というものに対するイメージが希薄化し、「植民地支配と侵略」を肯定・擁護しようという歴史修正主義的な言説に具体的に反論できる力が低下していることは確かである。日本がおこなった「植民地支配と侵略」を肯定するような価値観や認識が、完全には克服されないままに、時間的経過とともに自然消滅するどころか、つねに再生・再編されながら日本社会の中に引き継がれており、そうした漠然としたものが歴史修正主義の「養分」になっているということである。

「植民地支配と侵略」を肯定するような価値観や認識とは、一言でくくることは難しいが、いくつかのパターンに分けることは可能である。歴史修正主義の「養分」となっている漠然とした価値観・認識はおおむね次のようなものだと思われる。

① 侵略したり、植民地支配をしたのは「日本だけではない」という論

② 植民地支配は「良いことをした面もある」という論

③「大東亜戦争」は「アジアの独立に役だった」という論

④戦争はおこなったけれども「領土的野心はなかった」という論

まず、これらのうち①・②について検討しておこう。

①「日本だけではない」という言説は、日本の「植民地支配と侵略」にふれると必ずといってよいほど出てくる意見である。確かに「植民地支配と侵略」が「日本だけではない」ことは歴史的事実で、そもそも「日本だけがやった」という歴史認識などあり得ない。それでも、「日本だけではない」という言説が繰り返し出てくるのは、「日本だけが批判されるのはおかしい」という文脈においてであろう。「植民地支配と侵略」のひとつの結果である「従軍慰安婦」問題でも同様のリアクションが生じている。

「植民地支配と侵略」の大先輩は欧米諸国であって、その真似をしたに過ぎない日本だけがなぜ責められるのか、という不公平感のあらわれである。また、歴史に支配や侵略はつきもので、どの国も多かれ少なかれやったことなのだから、なぜ、「日本だけ」が反省したり、謝罪しなければならないのか、という感情の発露である。

日本もアジアの一員である以上、大航海時代以降、二〇世紀にいたるまで続いた欧米諸国によるアジアへの「植民地支配と侵略」に対して正面から批判する権利を有している。もっとも、日本の場合、一九世紀以降、欧米列強を手本にしてアジア諸国を侵略してしまったので、自分のことを棚に上げて、欧米だけを批判するというのでは説得力に欠けることも確かである。したがって、欧米諸国の

「植民地支配と侵略」を批判するためにも、日本がやった「植民地支配と侵略」のことをまず直視して、みずから批判的に検討しておく必要があるのである。

日本は過去において、欧米の「白人帝国主義」を批判しながら結局自らも異民族支配、帝国主義の道を歩んだ。欧米帝国主義の徹底した差別・選別主義の支配とは異なり、日本は、「皇民化」、同化主義という形で異民族支配をやっていく。欧米の差別主義と日本の同化主義は、支配されている側にとっては、どちらが良くてどちらが悪いという問題ではない。欧米帝国主義国は、本国人と植民地人を本質的に区別して支配したが、日本は、本国人と植民地人を建前の上では「日本人」あるいは「皇民」と同等であるとしながらも、実際には朝鮮人のことを「半島人」などと呼んだように、決して同等の者として扱わなかった。日本政府は、台湾や朝鮮を同じ「日本」であるとしながらも、台湾や朝鮮には「大日本帝国憲法」を施行せず、あくまでも日本本国とは別物として支配したのである。だから、このことを日本が明治以来、「脱亜」の道から「大アジア主義」への道をたどっていったという前提条件として確認しておく必要がある。そうした傾向は、昭和になって初めて出てきたわけではなく、日本の近代化・大国化の中に早い時期から組み込まれていたものなのである。

②植民地支配では「良いこともした」という言説は、いまだに繰り返し再生されている議論である。現在の「戦争完全非体験世代」＝「非体験第二世代」（自分の親にも戦争体験がない世代）には植民地支配というものへの実感・イメージが希薄なので、「良いこともした」という言説は意外に大きな浸透力をもっている。例えば、日本は植民地（朝鮮や台湾）に学校を造って教育水準を高め、道路

や橋を造るなど社会資本（インフラストラクチャー）の整備をおこなったので、それらが戦後のこれらの地域の経済発展の基礎になった、というような意見である。植民地支配の「悪いところ」も「良いところ」も両方を見るのが「公平な見方」という言い方をするので、一見ニュートラルな印象をあたえる言説である。

しかし「良いこと」とは何だったのか、ということをあらためて考えてみる必要がある。学校を建てたとか、道路や橋を造ったなどという「良いこと」は、あくまでも植民地支配のために必要だったことなのだ。植民地支配のために必要ということは、基本的には本国の利益のため、統治を円滑におこなうためということである。植民地支配に必要であればこそおこなった産業の振興や社会資本の整備と資本の投下などを、現代的な感覚で、地域の振興とか住民の福祉のための政策などと勘違いしてはいけないのである。

また、支配・統治の原則として「良いこと」（「文明化」の恩恵のようなもの）を被支配者にある程度施さなければ、単なる弾圧と搾取だけでは、支配・統治が成り立たないことも確かであった面も見落してはならない。

二　「アジアの独立に役立った」という言説の問題点

日本の戦争は「アジアの独立に役だった」という言説も、いまだによく聞かれるものである。戦後、アジア諸民族が、欧米の植民地支配から脱して独立を達成したことは確かである。だが、戦後にアジア諸国が独立したことと日本が戦争を起こしたことをストレートに結びつけてはならないであろう。なぜなら、日本政府は、戦争に際して、「新秩序」の建設や、「大東亜の解放」をさかんに宣伝したけれども、ここでいう「新秩序」や「解放」は、アジア諸国・諸民族の独立を必ずしも意図したものではなかったからである。それは、アジア太平洋戦争を始める前に、日本側が占領地をどのように取り扱うか決定していたことからも確認することができる。

一九四一年一二月初旬の武力発動を決定した一一月五日御前会議の後、東条英機内閣と統帥部は、戦争のシナリオ作りを急速に進め、一一月一五日には「対米英蘭蔣戦争終末促進に関する腹案」を決定した（「蔣」とは重慶に根拠をおく蔣介石政権のこと）。この対米英戦争のシナリオで、戦争遂行の大前提とされたのが、南方資源地帯の占領と開発、自給自足経済圏の建設であった。そのため、南方資源地帯の占領にあたっての基本方針――軍政当局が準拠すべき基本原則――として一一月二〇日に大本営政府連絡会議で決定されたのが、「南方占領地行政実施要領」である。重要な部分を掲げておこう（特に注目すべき箇所には傍線を付してある）。

南方占領地行政実施要領〔一九四一年一一月二〇日　大本営政府連絡会議決定〕

第一　方　針

占領地ニ対シテハ差シ当リ軍政ヲ実施シ治安ノ恢復《かいふく》、重要国防資源ノ急速獲得及作戦軍ノ自活確保ニ資ス

占領地領域ノ最終的帰属竝《ならび》ニ将来ニ対スル処理ニ関シテハ別ニ之ヲ定ムルモノトス

第二　要　領

一　軍政実施ニ当リテハ極力残存統治機構ヲ利用スルモノトシ従来ノ組織及民族的慣行ヲ尊重ス

二　作戦ニ支障ナキ限リ占領軍ハ重要国防資源ノ獲得及ビ開発ヲ促進スヘキ措置ヲ講スルモノトス

占領地ニ於テ開発又ハ取得シタル重要国防資源ハ之ヲ中央ノ物動《ぶつどう》計画〔物資動員計画〕ニ織リ込ムモノトシ作戦軍ノ現地自活ニ必要ナルモノハ右配分計画ニ基キ之ヲ現地ニ充当スルヲ原則トス〔中略〕

七　国防資源取得ト占領軍ノ現地自活ノ為民生ニ及ホサザルヲ得サル重圧ハ之ヲ忍ハシメ宣撫《せんぶ》上ノ要求ハ右目的ニ反セサル限度ニ止《とど》ムルモノトス

八　米英蘭国人ニ対スル取扱ハ軍政実施ニ協力セシムル如ク指導スルモ之ニ応セサルモノハ退去

其ノ他適宜ノ措置ヲ講ス
枢軸国人ノ現存権益ハ之ヲ尊重スルモ爾後ノ拡張ハ勉メテ制限ス
華僑《かきょう》ニ対シテハ蔣政権ヨリ離反シ我カ施策ニ協力同調セシムルモノトス
原住土民ニ対シテハ皇軍ニ対スル信倚《しんい》観念（信頼感）ヲ助長セシムル如ク指導シ其ノ独立運動ハ過早《かそう》ニ誘発セシムルコトヲ避クルモノトス(3)

この「実施要領」では、まず「方針」として南方占領地にたいする軍政の最重要課題として、(a)治安の回復（抗日・反日勢力の一掃）、(b)重要国防資源の「急速獲得」（戦略物資の開発・取得）、(c)占領軍の自活（食糧の現地調達）があげられている。(a)(c)は、日本軍が、中国占領地でもおこなってきたことであり、(b)は、獲得した資源を使って戦争を継続しようというアジア太平洋戦争特有の課題である。

重要国防資源（石油・ゴム・ボーキサイト・錫など）の「急速獲得」については、この「実施要領」の「要領　二」において、南方占領軍は、作戦に支障をきたさない限り、資源の開発・獲得に力を注ぎ、獲得した資源はただちに日本本国の「物動計画」におりこみ、占領軍が現地で消費する以外のものは、すべて日本に輸送するとしていた。これは通常の通商・貿易ということではなく、「物動計画」という名の一方的収奪に他ならない。

「南方占領地行政実施要領」に掲げられた南方軍政の課題のうち、重要国防資源の開発・獲得と現地軍の自活は、占領地において労働力と食糧を獲得することを前提にしている。当然のことながら、それは、占領地の一般住民を労働力として動員し、また、占領地で生産された食糧を日本軍が徴発するということであり、占領地の一般住民に大きな負担を強いることになる。そのことは、日本側も十分に承知していた。

「実施要領」の「要領　七」においても、住民負担とそれへの対処方法が記されている。その中で、わざわざ「民生ニ及ホササルヲ得サル重圧ハ之ヲ忍ハシメ」とあるということは、大本営政府連絡会議においても、南方軍政が、占領地の一般住民に「重圧」を及ぼすことを予想していたことを示している。しかも、その後に「宣撫上ノ要求ハ右目的ニ反セサル限度ニ止ムルモノトス」とあるのは、「大東亜共栄圏」「欧米からの解放」といった「宣撫」（宣伝や民心把握のための工作）上の要求は、「右目的」すなわち資源と労働力取得という目的に反しない程度、つまり、「解放」宣伝をやりすぎて矛盾が顕在化しないように、と決定しているのである。これは、「解放」の宣伝と占領地行政のあいだには、大きなギャップが存在するであろうことを日本側も開戦前からはっきりと自覚していたことを示すものである。

しかし、軍政実施にともない一般住民に「重圧」が加えられるにせよ、欧米の植民地支配からの「解放」を宣伝する以上、結果として各地域の民族独立運動を勇気づけることになることは予想された。占領地における民族独立運動、あるいは蔣介石政権との関係を有する華僑勢力にはどのように対処するのか、これらのことについても、あらかじめ日本側は「南方占領地行政実施要領」において原則を決めていた。つまり、華僑にたいしては、日本軍政当局に「協力同調セシムル」として、協力しない場合の弾圧を示唆するとともに、占領地の「原住土民」＝一般住民にたいしては、その独立運動を「過早ニ誘発セシムルコトヲ避クル」とし、独立運動が自発的に高揚してくることをむしろ抑制すること、独立運動を日本側管理下におくことを定めている。この決定が、現実の占領地支配にあたっての、華僑勢力への武力弾圧、独立運動の管理統制・抑圧へとつながっていったことは明らかである。

また、華僑弾圧や独立運動の抑制は、決して占領軍が勝手にやったことではなく、中央の方針に基づくものであったことも分かる。この「南方占領地行政実施要領」からも、日本側の南方占領の目的が、あくまでも日本の戦争遂行の円滑化のためであり、「解放」の宣伝すらそれに従属するものであったことがわかる。日本は、アジア諸民族の「解放」やましてや「独立」を目的にして戦争を始めたわけではなかったのである。戦争で、日本が欧米勢力を一旦は駆逐したし、「解放」の宣伝をしたために、諸民族のナショナリズムを高揚させ、独立への意欲をたかめたことは確かであるが、あくまでもそれは日本が意図したことではなかったのである。

また、戦後におけるアジア・アフリカ諸国の相次ぐ独立は、基本的に、民族意識の高揚と、第二次世界大戦によって植民地本国である欧米・日本などの帝国主義諸国の支配力が相対的に低下したことに起因するものである。むしろ、日本が戦争を始めたことによって、日本が意図したことを越えて、アジア諸民族のナショナリズムを進展させ、結果として戦後の独立に導いたといえる。また、日本側に植民地を解放しようなどという考えがなかったことは、台湾や朝鮮などの古くからの植民地を「解放」しよう（独立させよう）などとは日本政府が一度も考えなかったことからも明らかである。「独立に役立った」というようなことは、植民地や占領地に多大な犠牲を強いた日本側からけっして言い出せないことである。

三　「領土的野心なし」という言説の問題点

日本には「領土的野心なし」というのはまったく歴史的には破産した議論である。アジア太平洋戦争中の一九四三年五月三一日、日本政府は「大東亜政略指導大綱」を御前会議で決定した。そこには次のようにある。

第一　方針

一、帝国ハ大東亜戦争完遂ノタメ帝国ヲ中核トスル大東亜ノ諸国家諸民族結集ノ政略態勢ヲ更ニ整備強化シモツテ戦争指導ノ主動性ヲ堅持シ世界情勢ノ変転ニ対処ス。

政略態勢ノ整備強化ハ遅クトモ本年十一月初頃マデニ達成スルヲ目途トス。

二、政略態勢ノ整備ハ帝国ニ対スル諸国家諸民族ノ戦争協力強化ヲ主眼トシ特ニ支那問題ヲ解決ス。

第二　要領〔中略〕

四、対緬《めん》〔ビルマ（現ミャンマー）のこと〕方策

昭和十八年三月十日大本営政府連絡会議決定緬甸《ビルマ》独立指導要綱ニ基キ施策ス。

五、対比方策

ナルヘク速カニ独立セシム。

独立ノ時機ハ概ネ本年十月頃ト予定シ極力諸準備ヲ促進ス。

六、ソノ他ノ占領地域ニ対スル方策ヲ左ノ通リ定ム。

但シ（ロ）、（ハ）以外ハ当分発表セス。

（イ）「マライ」「スマトラ」「ジャワ」「ボルネオ」「セレベス」ハ帝国領土ト決定シ重要資源ノ供給地トシテ極力コレカ開発並ヒニ民心把握ニ努ム。

（ロ）前号各地域ニオイテハ原住民ノ民度ニ応シ努メテ政治ニ参与セシム。

（ハ）「ニューギニア」等（イ）以外ノ地域ノ処理ニ関シテハ前二号ニ準シ追テ定ム。

（ニ）前記各地ニオイテハ当分軍政ヲ継続ス。(4)

この「大東亜政略指導大綱」では、ビルマとフィリピンの独立を容認している。これだけをとれば、日本の「大東亜の解放」という宣伝と実際の政策は合致したように見えるが、ビルマに対する独立容認は、隣接する同じイギリス領であるインド（当時はまだバングラデシュがインドの一部であったので、ビルマ＝現ミャンマーの隣国はインドであった）の独立運動（反イギリス運動）を高揚させようと

「大東亜共栄圏」を構成した地域（1943年）

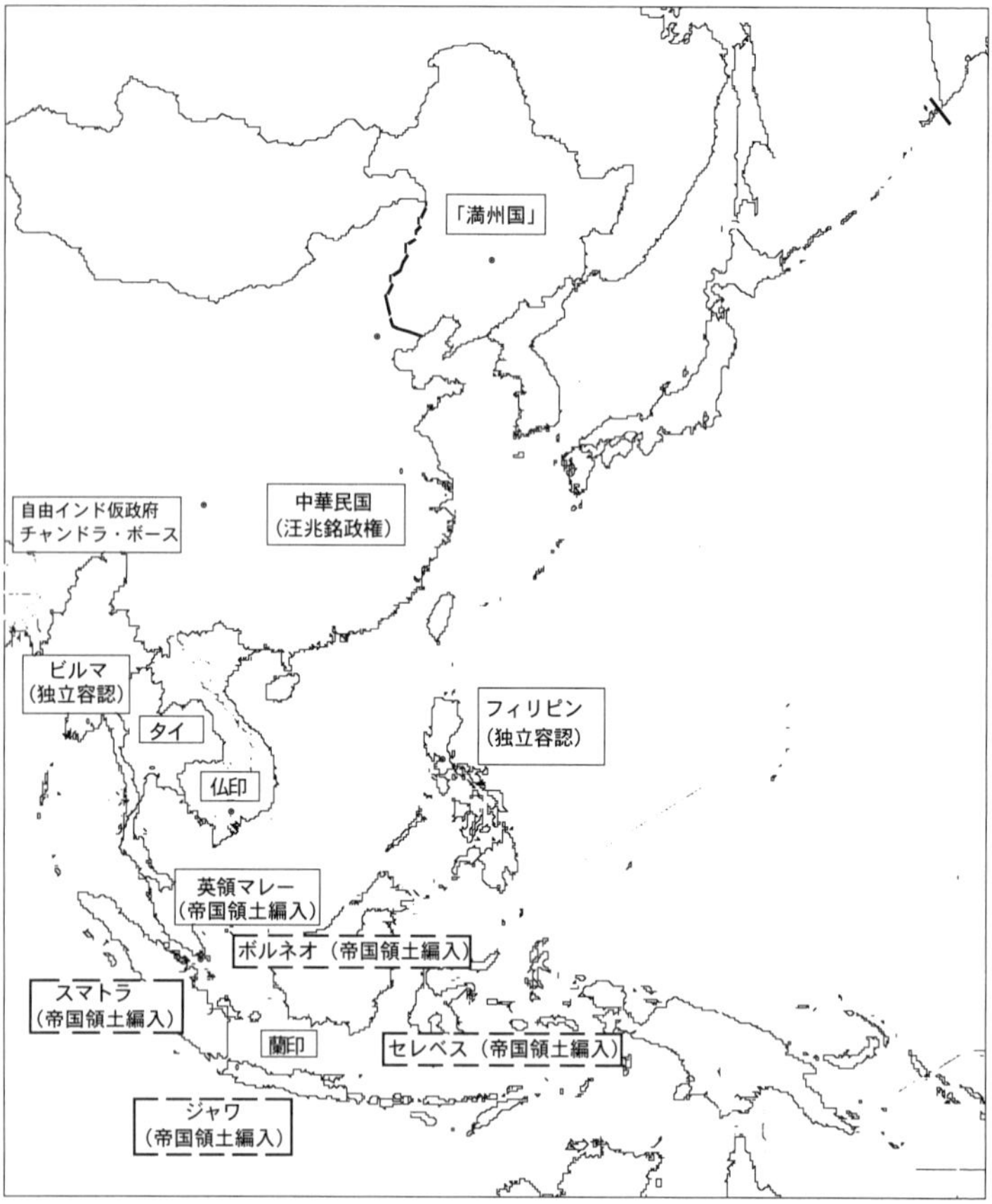

する戦略の一環であったし、フィリピンの独立容認は、すでにアメリカが一九三四年にフィリピン独立法をアメリカ議会で成立させて一〇年後の四五年にはフィリピン独立を承認していた関係上、日本としてはそれよりも早い時期に独立を実現させるしかなかったのである。

　ビルマとフィリピンには独立を容認する一方で、はっきりと「マライ」（現マレーシア・シンガポール）と「スマトラ」「ジャワ」「ボルネオ」「セレベス」（現インドネシア）を「帝国領土」すなわち日本領にすると決定しているのである。御前会議まで開いて領土の併合を決定している以上、「領土的野心なし」などということはまったくあり得ないことである。この「大東亜政略指導大綱」決定の後、小磯国昭《こいそくにあき》内閣の時に、インドネシアを取り込むために、蘭領東インドの「将来における独立」を承認するが、その時期は明言しなかった。

　そもそも「自衛戦争論」とか「領土的野心なし」というのは、「終戦の詔書」に「曩《さき》ニ米英二国ニ宣戦セル所以《ゆえん》モ亦実ニ帝国ノ自存ト東亜ノ安定トヲ庶幾《しょき》スルニ出《い》テ他国ノ主権ヲ排シ領土ヲ侵スカ如キハ固《もと》ヨリ朕《ちん》カ志ニアラス[5]」とあって、この論理が日本社会に広く浸透したものと思われる。しかし、天皇は、詔書において「他国ノ主権ヲ排シ領土ヲ侵スカ如キハ固ヨリ朕カ志ニアラス」とは言っているものの、他方で旧イギリス領・オランダ領のかなりの地域を「帝国領土」に編入することを決定した現場にも立ち会っていた（御前会議決定である以上、天皇が知らなかったわけがない）。これは、詔書が国民向けにあえて虚構を述べていることを示している。

おわりに

現代日本人における「植民地支配と侵略」についての〈記憶〉が希薄化する中で、「植民地支配と侵略」を肯定する歴史修正主義的な言説に反論する形で、私が確認するべき歴史の〈記憶〉で重要と考えることを記してきた。

「南方占領地行政実施要領」（一九四一年一一月）と「大東亜政略指導大綱」（四三年五月）はそれぞれ大本営政府連絡会議において決定され、後者はさらに御前会議でも決定されている当時における最高決定文書である。このような国家意思の決定（計画性）にもとづく支配がおこなわれた以上、それに対する国家の責任が追及されることは当然のことである。

それなのに、「植民地支配と侵略」に対する日本人の〈記憶〉は明らかに希薄化しつつある。「植民地支配と侵略」の〈記憶〉の継承は、一般の〈記憶〉の継承と同様に、大別して私的継承と公的継承（公的な〈記憶〉の構成）とに分けられる。本書一三五〜一三六頁にも記したように、個人の記憶から始まった〈記憶〉の継承は公的継承の段階をへて、〈歴史〉としての継承へとつながる。そしてその際には、一般には忘却されていたが、新たに「確認」「発見」「発掘」された〈記憶〉が組み込まれる形で〈歴史〉化が進展する。

「植民地支配と侵略」の〈記憶〉は、私的継承が断絶しがちのものであり、〈歴史〉化されるには、多くの日本人の〈集団的記憶〉としては希薄化してしまっている部分を、「確認」「発見」「発掘」の作業を不断に実践することによって補填し、〈歴史〉として次世代に継承してゆかなければならない。

注

（1）戦争の時代の〈記憶〉を自分のものとして保持している人々を、個人差はあるものの、二〇一五年現在、八〇歳以上の人々と仮定すると、総務省統計局のデータ（最新統計は二年前のもの）によれば、二〇一三年一〇月一日現在の七八歳以上の人々を合計すると一一六五・〇万人で、日本の総人口（一億二七二九・八万人）に占める割合は九・一％となる。【URL】http://www.stat.go.jp/data/jinsui/2013np/pdf/tables.pdf

（2）拙稿「戦争責任論の現在と今後の課題」『歴史評論』二〇一五年八月号所収。本書第五章として加筆・整理して収録。

（3）防衛庁防衛研修所戦史室・戦史叢書20『大本営陸軍部（1）』（朝雲新聞社、一九六八年）六四八～六四九頁および拙編著『外交資料・近代日本の膨張と侵略』（新日本出版社、一九九七年）三五五～三五六頁所収。

（4）外務省編『日本外交年表竝主要文書』下（原書房、一九六五年）五八三～五八四頁。

（5）同前、六三五頁および前掲『外交資料・近代日本の膨張と侵略』三九〇頁。

第三部　歴史修正主義をどのように克服するか

第七章　日本は過去とどう向き合ってきたか

はじめに

私たちは戦後、平和憲法のもとでくらしてきたが、そのなかで日本という国家と社会は、過去とどう向き合ってきたかを次の二点から論じたい。いずれも、日本人の歴史認識にかかわる重要な問題である。

第一は靖国神社の問題。靖国神社に首相が公式参拝するかしないかで、必ず大きなニュースになる。それはどうしてなのか。第二は日本人にとってなぜ歴史認識が大切なのか、という問題である。

一　靖国神社問題と歴史認識

1　靖国神社とは

靖国神社とは、戦前の軍人戦没者の霊を合祀《ごうし》している神社で、現在は、東京都知事認証の一宗教法人である。戦前、この靖国神社を共同所轄したのが陸軍省と海軍省。靖国神社の宮司は代々退役陸軍大将が務め、神社の運営費は陸軍省支出の完全な軍運営の神社だった。神社のグレード（社格）では、別格官幣社《かんぺいしゃ》（官幣小社に相当）で高くはない。祀られているのが、一般の人たちからなる軍人戦没者であるからだ。現在でも、護国神社が各県にあるが、かつてそれらは靖国神社の地方分社であった。現在の護国神社は、靖国神社と宗教法人上の関係はなく、神道の宗教団体神社本庁の傘下にある。

なぜかつては東京中央の靖国神社と、各県の護国神社がつながっていたか。それは日本の軍隊が郷土の軍隊という形をとっていたからである。兵士は徴兵されると本籍地の郷土の部隊に入る。だから戦没者の慰霊機関も中央と各地方に存在した。亡くなった軍人の慰霊は靖国神社と護国神社だけでなく、それぞれ地方の町、村の忠魂碑に祀られ、個人の墓もあるので、中央、地方（都道府県）、町や村、そして個人と、四段階に慰霊された。軍人の墓は何々家の墓に入っているのもあれば、入っていない個人の墓もある。一般にその墓石は先端がとんがっており、例えば「陸軍上等兵〇〇〇之墓」などと軍の階級が刻まれ特別な扱いだった。

靖国神社の前身は一八六九（明治二）年に現在の地に建立された東京招魂社《しょうこんしゃ》で、一八七九年に靖国神社と改称された。「癸丑《きちゅう》以来国事殉難者」（一八五三・嘉永六年ペリー来航の年以来）、戊辰《ぼしん》戦争以降の官軍戦没者、日清戦争以降の軍人・軍属の戦没者が祀られている。だが、例えば新撰組など、癸丑以来国事に殉じた者でも、旧幕府側の人たちや、西南戦争時の西郷側の人たちまたは天皇に逆らった人たちは祀られていない。さらに民間の戦没者たちでも、軍属は祀られているが、東京大空襲で亡くなった民間人の多くは祀られていない。あくまで軍のために働いていた人が対象である。

明治維新以来、アジア太平洋戦争の終わりまでで、二四六万六五三二人が祀られている。アジア太平洋戦争で亡くなった日本人は少なくとも三一〇万人。靖国神社に「大東亜戦争」の戦没者として合祀されているのは約二一〇万人であるので、差引約一〇〇万人は祀られておらず、民間人はほとんど祀られていない。逆に祀られたくないのに祀られている人もいる。例えばキリスト教の信者や日本の植民地支配下に置かれていた朝鮮出身者、台湾出身者は「日本臣民」とされていたから、この人たちは本人の意思とは関係なく祀られている。

靖国神社が死者を一旦合祀すると、どういう事情があっても、個人が申請して、そこから外してもらう、ということはできないシステムになっている。戦前は、戦没者の霊の合祀は、春秋二季の例大祭と戦没者のための新祭神《しんさいじん》を合祀する臨時大祭、この三回の大祭で執行された。例大祭には勅使《ちょくし》（天皇の使い）が派遣され、臨時大祭には天皇自ら靖国神社に参拝し、戦没者を合祀した。天皇の軍隊だからだ。

現在、靖国神社には遊就館《ゆうしゅうかん》という博物館がある。これは戦争の歴史を記録している博物館である。日本には戦争博物館というのはほとんどないが、修学旅行などでそれを見学に来たりする。どちらかと言えば、戦争肯定の価値観に基づいて、純粋な意味での博物館というよりは、慰霊のための機関としての性格が前面に出ている。それは即悪いことではないが、ある感情を込めたものになっている。

2　英霊サイクルの要としての靖国神社

歴史学で、「英霊サイクル」と呼ばれるものがある。戦前、男の子は将来立派な軍人になって忠誠を尽くし、戦場で戦って死に、靖国神社に祀られるのが最高の栄誉である、このように教え込まれた。ほとんどの人は死にたくないと思っているが、建前として戦死することが立派な事だ、と教え込まれた。実際にこれが公の価値観として流布し、軍人たちも死に直面すると「靖国神社で会おう」などと言いながら死んでいった場合もある。こういう話を次の世代が聞き、英霊が英霊を呼ぶというサイクルができあがっていく。これを「英霊サイクル」と呼ぶ。そういう意味では、戦前（戦後も？）、青少年に対する精神教育の重要なところを靖国神社は担ってきた。またこれは当時の国定教科書がよく取り上げた素材だった。実は現在でも靖国神社は、戦争の性格を棚上げにして、無条件で戦没者の神聖視を吹聴している。そこが第一の問題なのである。

さらにもう一つ、アジア太平洋戦争において亡くなったアジア人犠牲者はこの慰霊から除外されている。数にすれば、はるかにこちらの方が多い。現在において靖国神社が戦没者の慰霊機関の代表と言うのであるならば、戦前においてはさほど問題ないとしても、戦後において、それでいいのだろうか、という問題になる。そこが第二の問題である。

また戦死者を無条件に神聖視することは、戦争指導者と動員されて亡くなった人とを同一視することである。両者は同じではない。侵略戦争だというと、死んだ人間は浮かばれないじゃないか、という考え方もある。浮かばれるか浮かばれないかという問題は、戦争で亡くなった人の死を、犬死にさせるか否か、すなわち意味のない死にするか否かという問題であり、どうお祀りするかよりも、生き残った人たち、すなわち戦後生きている私たちが、その人たちのことを忘れず、どう扱うのかに、かかってくる大きな問題なのである。

戦争指導した者と動員されて亡くなった人たちとが、かりに一緒にされてしまうと、戦争の性格がぼやけてくる。現在の人間としては、戦争の性格は性格として、きちんと押さえていく必要がある。

3　慰霊の問題が、どうして国際問題になってしまうのか

靖国神社というものが、戦争をおこなう日本を、ずっと支えてきた。それを脇に置いたとしても、A級戦犯とBC級戦犯の合祀は国際問題化の一番の火種である。A級戦犯で処刑された人たちは七人。例えば東条英機・木村兵太郎・武藤章。木村はあまり知られていないかも知れないが、東条が陸軍大臣のときの陸軍次官でナンバー2である。武藤章は軍務局長でナンバー3といえる。東条内閣のとき東条は陸軍大臣を兼ね、絶大な権力を握っていた。東条と彼を支えた次官と軍務局長、この三人には、まさに戦争を決定したという非常に大きな責任がある。板垣征四郎は、陸軍大臣をやったこともあるが、満州事変を始め、長く中国での戦争を推進した人だ。土肥原《どいはら》賢二、この人は一般にはあまり知られてはいないが、中国における様々な謀略工作、例えば蔣介石政権の分裂をはかるとか、政権の要人を暗殺するとかの責任者。松井石根《いわね》は南京占領のおりの司令官。広田弘毅《こうき》は外務大臣で首相も務め、文官で唯一A級戦犯になり、死刑になった人。それがどうしてなのか、という理由が意外と知られていない。広田弘毅の死刑の理由は二つ。この人が首相であった時に、「国策の基準」という文書、これは軍が要求した軍拡を求め、南方進出を明確に国策とした文書を、首相として最初に認め

た。もう一つは南京事件の時、彼は外務大臣で、諸外国からの情報を得て、南京ではひどいことになっている、陸軍の統制がとれないということがわかっていても、その動きを止めず、閣議でもその話をしなかった。果たすべき責任を果たさなかった理由で、広田は死刑判決を受けた。これが妥当か否かは意見がわかれるが、日本の膨張（南進）政策とか南京事件に広田がかかわっているということで、彼は非常に重い罪を背負った。開戦に関して東条、武藤らが重要な役割を果たしたのは間違いないが、他の人たちは、他に中国関係の理由で追及され死刑の判決を受けている。

これらの人たちが何故死刑判決を受けたのか。半分以上の人たちが中国がらみ。東京裁判は、純粋にニュートラルな裁判と言えないところがある。日本に対する占領政策の一環としての裁判。逆に言えば、国際状況が敏感に反映する。当時のアメリカは、中国（蔣介石政権）の取り込みをはかっていたから、中国の意向を無視してこの裁判はできなかったのである。

国家の戦略・政策決定の中枢にいなかった人たち、板垣、土肥原、松井、板垣は陸軍大臣を務めたことはあるが、土肥原とか他の人たちは、まさに出先で起きた事件の責任者である。彼らが戦争全体を裁く東京裁判（Ａ級戦犯裁判）で裁かれたことの意味は、アメリカに向けて戦争をしかけたということとほぼ同格に中国での戦争が重視されたということである。そういった人々を「神」として祀っている、これが、アジア諸国の反発の源である。

日本の中国侵略戦争の延長線上に対米英戦争がある。これは切り離すことができない。当時イギリスやアメリカやフランスは、中国に利権を持っていた。日本が軍事的に占領地を広げていくことは、その利権を荒らすことになる。つまり日本が中国を独占しようとしているように見える。そこでアメリカ、イギリス、フランス、そしてソ連も、日本の中国独占は許せない。だがイギリス、アメリカは軍隊を送ることは出来ない、何故ならヨーロッパではドイツが台頭してきている。ではどうするか、物資や資金で蔣介石政権を支援するということになる。

ソ連は、蔣介石政権と同時に毛沢東政権の八路軍を支援する。日本が中国に踏み込めば踏み込むほど、英米を中心とする諸外国との対立が深まる。日本は、英米陣営による中国への支援物資輸送ルートを遮断しようとして戦線を広げた。それをやればやるほど米英は別のルートを使って蔣介石政権を支援しようとする。こういうふうに中国をめぐる日本と英米陣営の激しい競争が、日中戦争の期間中ずっとあった。そういう意味では日中戦争と対米英戦争は、分断して考えることはできない。日中戦争の延長線上に対米英戦争があると言っても過言ではない。それで日中戦争で重要な役割を果たした人たちが東京裁判で重く罰せられることになる。

ところが靖国はアジアに対する、特に中国に対する侵略戦争に大きな役割をした人たちを「神」（祭神）として祀っている。アジアの人々にとってここに非常に理解しがたいものがある。日本人の「死ぬと皆同じではないか」という感覚は、対外的には納得されない。政府が主催する八月一五日の慰霊式典へのアジア諸国からの批判はほとんどないが、同じ八月一五日に首相が靖国神社に参拝するとなると、大変な反発が起きてくる。侵略戦争で大きな役割をした人たちを「神」として祀っているからだ。「神」として祀っているということは、崇めているということであり、それは戦争の反省ということには結びつかない、正反対の行為である。

戦争が終わり、東京裁判の後、これらの人々は処刑されてすぐに靖国神社に祀られたのではない。この人たちが祀られたのは一九七八年、日中国交回復（一九七二年）がおこなわれたさらに後の福田赳夫《たけお》内閣の時、この人たちの合祀がおこなわれた。福田内閣は戦後の大きな転換点だった。有事法制の研究も、福田内閣から始まった。そのあとの中曽根内閣で「戦後政治の総決算」が言われるが、戦後民主化の路線とはっきり違って来たのが福田内閣、その時にこのA級戦犯の合祀がおこなわれた。もっとも、ＢＣ級戦犯の合祀はそれ以前からおこなわれていた。

ＢＣ級戦犯裁判というのは、多くの日本人の中に固定したイメージでとらえられている。『私は貝になりたい』という映画、もとはテレビ番組だが、それによって植えつけられたイメージが強い。事実認定もいい加減で理不尽な裁判により、命令を実行しただけの兵士たちが死刑になる。一〇〇〇人近い人たちがＢＣ級戦犯として処刑された。これはたいへん大きな事件だが、その実態について日本社会の中ではほとんど語られない。『私は貝になりたい』のテレビ番組では、命令を実行しただけの二等兵が死刑になる。その兵士をフランキー堺が演じ、彼の名演は社会的に大きな反響を呼び、リメイクもされた。当時の日本軍のもとでは、上官の命令に逆らうことはできない。そういう実態を知らない英米の裁判官は、彼ら二等兵に死刑判決を下すというストーリー。

けれども、現在分かっているのは、この種のＢＣ級戦犯裁判で死刑になった二等兵は一人もいない、ということだ。命令を受けただけの最下級者たちは誰も裁かれていない。少しでも命令を出した者（兵隊でも上官にあたる者）は裁かれている。自分より上の者はいても下の者のいない二等兵に死刑が執行された事例はない。

死刑になった人たちの内訳でみると捕虜虐待の人はいるが、それが多数を占めるわけではない。実際にＢＣ級戦犯で処刑された人たちの多くは憲兵関係者である。憲兵が何故戦犯として逮捕され処刑されたのか。日本軍は占領地における抗日運動を取り締まり、その土地の人を捕まえて処刑した。そういう残虐行為を問われて死刑になった人が多い。よく日本軍が欧米からの独立運動を支援したという人がいる。その側面がまったくなかったわけではないが、日本は戦争遂行が第一で、「独立」などは先延ばしにした。それどころか一九四三年五月の御前会議では、現在のマレーシア（当時の英領マレー）・シンガポール・インドネシア（当時の蘭領東インド）、これらをすべて「帝国領土」にすると決定している。

こういう抗日独立運動を弾圧した人たちを「神」として祀る、これは理解してもらえないことだ。戦争政策や大きな戦略に関わった人たちと、末端で独立運動を押さえた人たちがともに「神」として祀られている。日本では戦犯というものを法的には犯罪者として認識していない。なぜならこのＡ級戦犯もＢＣ級戦犯も、国際的な裁判で裁かれはしたが国内法で裁かれてはいないからだ。この人たちは日本が独立回復されると、収監中の人は皆、釈放された。だからその人たちは日本社会の中で犯罪者と見なされなかった。この人たちに対して世間はかなり冷たく、彼らのお墓はたてられぬ、という感情もあった。しかし、戦犯として処刑された人の家族に対しても、軍人遺族年金は支払われた。

それに比して敵前逃亡の罪で処刑された人は、「犯罪」者だから、靖国神社に祀ってもらえないし遺族年金も払ってもらえない。ところがA級戦犯、BC級戦犯の人はそうではない。犯罪者として扱われてはいない。

しかしこれは国際的には、説明しがたいことである。例えばドイツは、ナチスドイツの戦犯を赦さないという政策を戦後とってきた。これは国内法でも赦さないということだ。ニュールンベルク裁判に引き続き国内法を作り、時効なしにナチスの戦犯を追及し続けている。ナチスを賛美すること自体が犯罪であるという位置づけである。これは外国人からすれば、ちょっと行き過ぎではと思われるが、それをやることで、周辺諸国やユダヤ人からの信頼を回復してきた。ここも日本と違うところである。終身刑の判決を受けた人は、釈放されず、亡くなるまで収監された。

このように戦犯の取り扱いが日本とドイツとでは全然違うのである。多くの日本人は、戦犯者をあくまで日本人の感情という点で理解しているが、外から見るとそれはなかなか理解できないことである。ここが「靖国」問題が国際問題になってしまう原点なのである。

戦争はもともと国際的な問題である。国内問題として割り切れない。特に日本のやった戦争は、外に膨張していった戦争だった。靖国神社の慰霊が、この戦犯の人々を含めての慰霊である限り、国内問題だけでなく常に国際問題となって現れ続ける。ここに大きな問題のポイントがある。それをどうするかは、政治と靖国神社そのものの問題なのだが、そういうことがあるのだということを、私たちはまず理解しておかねばならないだろう。

二　日本人にとって〈歴史認識〉はなぜ大切なのか

私たちにとって歴史認識とは何であるのか。過去を知るということは、現在を相対化する鏡として過去の歴史を見るということで、歴史を見ることで、現在をふりかえることができる。過去ではこういうことがいたらなかったと、現在に照らしてみることができる。結局、過去を見ることで未来を構想する智恵を得ることができるということだ。人間は歴史というものから学んできた。古くから歴史書というものがある。司馬遷《せん》の『史記』とかギリシャのヘロドトスとか、大昔から人間は歴史というものをなんらかの形で残そうとしてきた。何故かというと、自分の経験以外のことで学べるからだ。もちろん自分が経験したことは大切なのだが、それ以外のところから学べる。例えば戦争というものを知ろうした時に、では一回戦争をやってみるか、というわけにはいかない。しかし過去の戦争を振り返ることによって戦争というものの本質を知ることができる。本章の課題にひきつけて言うと、近代の戦争とか植民地支配というものを認識することで、私たちが克服しなければならない問題が浮き彫りにされてくるということである。

また、人間が歴史を書き残すことにかなりのエネルギーをさいてきたことは、裏返してみれば、大切な教訓であっても、人間はそれをいとも簡単に忘れ去ってしまうことがあるということの警告でもある。

戦後七〇年以上が経っても戦争の処理は終わっていないことを私たちは知っていなければならない。サンフランシスコ講和条約が結ばれてすべてのことが解決されたということではなくて、多くのことが、先送りだったり、棚上げにされたままで来ている。戦争処理が終了していないことが、アジア諸国との関係を非常に不正常なかたちにしている。特に日本側が、戦争や植民地支配が残したものについて、直視しないで放置してきてしまったところがある。時間が経てばたつほどアジア諸国との間に歴史認識のギャップが広がる。双方が歴史認識をまったく同じにすることは難しい。けれど、一体何があったのか、という議論と認識の共通の土台をつくることはできる。その土台の部分を次世代が検証していかねばならない。嫌な事なのだから「忘れたい」という気持ちが日本では非常に強い。多くの人が亡くなっているし辛い思いもした。だが戦場になった中国の人たちも、植民地支配下の朝鮮の人たちも、実は同じなのだ。そこでは、むしろ「忘れてはならない」と意識されている。一方は「忘れたい」と思い、一方は「忘れてはならない」と思うわけだから、両者のギャップはどんどん広がってしまう。過去のことだからというのは禁句である。個人的には「忘れたい」と思うことを、個人的なことであっても、逆にそうであればこそ、社会の中でちゃんと語り伝えていかないと、大きな失敗がまたあるかもしれない。

人権抑圧と戦争の歴史。歴史はこれだけではなく、いろいろと明るいこともあるが、実際にこういうことがあったということをきちんと伝えていかないといけない。加害の記憶は、なかなか個人の間では引き継がれない。個人の間で引き継がれないならば、博物館の中でちゃんと記録するとか、あるいは教科書に載せるという形にしないといけないということなのである。個人レベルの感情と教科書記述とをあまりにもストレートに結び付けてしまうと、そういうことは教科書に書くべきでないという批判が起きる。だが、教科書に記されないと、忘れてはいけないことを次世代に引き継げないということが必ず起きる。

こういう表現をすると怒られることがよくあるが、戦後世代にも戦争責任はある。私自身は戦争の時代には生まれていない。生まれていないのだから責任などないと。しかし、責任の意味が少し違う。次の世代の責任というのは、そういうことを繰り返さないという責任、あるいはどういうことがあったのかということをきちんと記録する責任と言い換えても良い。あるいはその「負の遺産」を清算する責任がある。なんでもやみくもに謝りさえすればいいという話ではない。なぜか分からないけれど怒られているから、とりあえず謝ればいい。こういうやり方が一番悪い。なぜ怒られているのかが分からないままに、謝っておきましょうというやり方を続けていると、日本社会にフラストレーションがたまっていき、最後に爆発してしまう。なぜこういうことが起きたのかをきちんと認識したうえで、前の世代がきちんと後始末をやれなかったことだから、自分たちの世代がちゃんとやらねばならない。歴史認識を定着させる作業、日本社会の中ではそういう嫌なことを「忘れてしまいたい」という意識が働くが、そうではなく、何があったのか、嫌であっても引き継がねばならぬこともある。

これは戦争非体験世代もそれに主体的にかかわる必要がある。例えば戦後補償の問題にとっても、記憶の継承は大前提なのであり、実際に何がそこでおこなわれたのかということを戦後世代を含めて検証していかねばならない。もっとも、戦後世代といっても現代はほとんどが戦後世代、戦前、戦中を知っている人は非常に少なくなった。

よく日本のやった戦争などは侵略だったというと、それは「自虐だ」と言う人がいる。自虐というのは何も生み出さない。しかし反省というのは明日を生み出す。自虐と反省は違うということをきちんと押さえておかなければならない。歴史認識の衝突はあるが、ぶつかっているということを認識したうえで、共通の土台、起こった事の究明において対話するということが非常に重要である。対話がないとどこでどうして衝突するのか、どうしてずれてしまったのか、わからないままで言い合いをしていることになる。これでは何も生み出さない。

近代以降、欧米諸国はアジアを分断するという戦略を採ってきた。どういうことかと言うと、中国とインドを接近させない、日本と中国を接近させない、こういう戦略を採って来た。なぜそのようなことが分かるかと言うと、明治時代、日本が中国へ出てゆくと、その段階では日本を後押しして清国と対決させるためにイギリスは日英同盟を結んだ。ところが日本が出過ぎると、こんどは日本を押さえて中国を支援する、という戦略を採ってきた。実はその遺産というか、インドと中国とは仲が悪い。アヘン戦争というのは中国にしてみれば屈辱の始まりだ。その恨みがイギリスに向かうかと言えば、インド人に向かう。何故かと言えば、アヘン戦争でやって来たイギリスの兵隊は実はほとんどインド人だったからだ。また植民地支配を受けている時に、例えば租界というヨーロッパの小さな植民地を守っている警察官はだいたいインド人で、目に見えて中国人を押さえつけている者はインド人であった。両者はどんどん仲が悪くなる。だが、それだけイギリスは狡猾《こうかつ》だと言える。そういうふうにアジアを分断したいという欧米の戦略が常に働いているので、近隣諸国と賢い付き合い方を考えていかないといけないのだ。自然に放置しておくと、対立する構造にもっていかれてしまう。

その点でみると、この近代一五〇〜一六〇年間、日本は、朝鮮や中国との付き合い方を間違え、対等なかたちで付き合ってこなかった歴史があまりにも長い。

幕末から明治にかけて活躍した勝海舟《かいしゅう》という人は、江戸時代が終わると歴史の舞台から消えたのではなくて、彼は明治政府の有力なアドバイザーとして、要所要所で政府に提言をしている。日清戦争に関して勝海舟は猛烈に反対する。〝日本は中国と戦争したらダメだ。中国と日本の長い歴史の中では中国は常に大国で、日本はそこから学びながら中国に追いつこうとしてきた。中国がいくら大国であっても日本は卑下してはいけない。こちらも訳のわからないことで頭を下げることはしてはならない。だが中国と争ってはダメだ。長い歴史があるのだから、その関係性を重視せよ〟と言っている。「卑下せず争わず」と言い、日清戦争の最中であるにもかかわらず、亡くなった中国海軍の提督を弔う発言を新聞で発表したりした。戦争の最中だから、日本国内は清国をやっつけろと燃え上がっていた。それに対してそんなことで浮かれたらダメという発言をしている。何故そういう発言をしたのか。彼は幕末の激動を潜り抜けて来た人。早くから欧米の戦略と技術を学んできた。だから、何か見方が違うと感じた。大きな流れを捉えてみているのである。

残念ながら、日清戦争の後、すぐに勝は亡くなってしまうのだが、そういう見方をしていた人もいたということである。もうすこし過去のことをきちんと押さえた上で賢い付き合い方に頭を使わないと、どうしても力には力だと、そういうことだけにこだわると、混沌《こんとん》とした東アジアの情勢がさらにややこしいことになってしまうのである。

第八章　政界における歴史修正主義

——そのねらいと特徴——

はじめに

政界に歴史修正主義が蔓延している。橋下徹・日本維新の会共同代表（当時）の「当時世界各国がやっていたのに、なぜ日本だけが特別な批判を受けるのか」という慰安婦発言（二〇一三年五月一三日）が内外からの厳しい批判をあびたが、こうした歴史修正主義的な発言は、橋下氏に限ったことではなく、昨今の自由民主党・日本維新の会などの政治家に広く見られるものである。

本章では、政界に広がる歴史修正主義のねらいと特徴を、安倍晋三首相や閣僚の著作・発言から明らかにするとともに、第一次安倍内閣の際の慰安婦問題に関する政府答弁書の役割を考察し、そういった歴史認識と改憲策動・「教育再生」の動きがどのように連動しているのか、その関係性を明らかにしたい。

一　安倍晋三首相の歴史認識と「教育再生」

1　「国に対して誇りをもつ」ための歴史教育

安倍晋三氏は著書『新しい国へ――美しい国へ　完全版――』の中で次のように述べ、国家あるいは国家主義を「悪」とみなす戦後教育にこそ問題の根源があるという見方を示している。

戦後日本は、六十年前の戦争の原因と敗戦の理由をひたすら国家主義に求めた。その結果、戦後の日本人の心性のどこかに、国家＝悪という方程式がビルトインされてしまった。だから国家的見地からの発想がなかなかできない。いやむしろ忌避《きひ》するような傾向が強い。戦後教育の蹉跌《さてつ》のひとつである。(1)

だが、戦争の原因の理由は、単なる国家主義ではなく近代日本の膨張主義政策に、敗戦の原因は冒険主義的な戦略と目的と見通しを欠いた戦争指導にこそ求めるべきであると思うが、安倍氏の理解では、国家主義が元凶《げんきょう》であるとみなす見解が、戦後教育によって広まったとされている。

そして、同書の中で、一九八〇年代イギリスにおいて「誇りを回復させたサッチャーの教育改革(2)」をとりあげ、「自虐的な偏向教育の是正」に成功したことが、その後のイギリスの復活をもたらしたと説いている。この場合の「自虐的な偏向教育」とは、「イギリスの歴史は植民地支配の歴史」「収奪の歴史である」などと描く歴史教科書のことを指している。帝国主義の支配と収奪をありのままに描いた教科書が登場したことは、科学的な歴史学研究の成果であると思われるが、サッチャー政権の教育改革は、こうした「たいへん自尊心を傷つける教科書」を是正することに主眼が置かれたのだという。そして、サッチャー首相は、忘れ去られた大英帝国の「よき価値観」の再構築をおこなおうとしたのだと安倍氏は強調している。若者が、国に対して誇りをもつこと、伝統的価値観に回帰すること(3)が重要で、そのために日本でも「大胆な教育改革」が必要であるとする。

安倍氏は、二〇一二年一〇月、自民党の教育再生実行本部の初会合で、「〔第一次安倍内閣の下で〕

教育基本法を全面改正し『我が国と郷土を愛する態度を養う』などの教育目標を定めたが、この精神は教育現場に生かされていない[4]」と述べている。「我が国と郷土を愛する態度を養う」のは、「国に対して誇りをもつ」ためということになるだろう。

2　河野・村山・宮沢談話排除のうごき

若者が「国に対して誇りをもつ」ためにどのような歴史像を与えようというのか。政府の教育再生実行会議の委員に「新しい歴史教科書をつくる会」元会長の八木秀次氏（高崎経済大学教授）が加わっていることからも、その目指すところは明らかであるが、少なくとも、安倍氏らが「自虐的」と断じるような、まさに国家・国家主義を批判しているとみなされるもの、「日本人としての誇りを傷つける」とみなされるものを教育現場から排除しようとしていることは明らかである。だが、史実としての植民地支配や侵略・戦争とそれにともなう「負の遺産」ともいうべき部分を見せないで得られる「誇り」とはきわめて危ういものであるし、また、結局「誇り」を自画自賛の同義語にしてしまっているのもきわめて偏狭な心性であるといえる。

そして、安倍氏をはじめとして安倍内閣の閣僚たちの多くが、「自虐的」なるもの、「誇りを傷つける」ものを排除するために、まず、政府の足かせとなっている談話の類いを実質的に取り除こうと躍起になっている。具体的には、「河野談話」（慰安婦問題）、「村山談話」（侵略・植民地支配）、「宮沢談話」（近隣諸国条項）の三談話である。そして、これらの談話を排除した上で、靖国問題でより強硬な見解を確立しようとしている。一三年五月の橋下発言とそれへの批判が国際的な広がりを見せるなかで、三談話排除の動きはやや後退したように見えるが、政局次第でこれらが再び浮上してくることは必至である。

二　「河野談話」排除のうごきと二〇〇七年政府答弁書の問題点

1　「河野談話」とは

「河野談話」とは、宮沢喜一内閣のもとで、一九九三年八月四日に出された「慰安婦関係調査結果発表に関する河野内閣官房長官談話」のことである。この談話は、この前年一二月に韓国の元慰安婦の方四名が、山口地裁下関支部に公式謝罪と賠償を求めて提訴（**関釜《かんぷ》裁判**）したことなどを契機とする日韓関係の悪化に対応しようとしたもので、政府が公式に慰安婦・慰安所の存在と軍当局・官憲の関与を認め、「おわびと反省」を表明したものである。その最も重要な点は、以下の部分であろう。

今次調査の結果、長期に、かつ広範な地域にわたって慰安所が設置され、数多くの慰安婦が存在したことが認められた。慰安所は、当時の軍当局の要請により設営されたものであり、慰安所の設置、管理及び慰安婦の移送については、旧日本軍が直接あるいは間接にこれに関与した。慰安婦の募集については、軍の要請を受けた業者が主としてこれに当たったが、その場合も、甘言、強圧による等、本人たちの意思に反して集められた事例が数多くあり、更に、官憲等が直接これに加担したこともあったことが明らかになった。また、慰安所における生活は、強制的な状況の下での痛ましいものであった。(5)

この談話以前にも、一九九二年一月には宮沢喜一内閣の加藤紘一官房長官が、慰安婦問題で日本軍の関与を認めているが、「河野談話」はさらに踏み込み、慰安婦の募集において「本人たちの意思に反して集められた事例が数多く」あること、慰安所における生活についても「強制的な状況の下での痛ましいもの」であることを表明した。これは、慰安婦制度に関する研究者の見解と体験者からの聞き取り調査に基づいたもので、今日でも事実認識においてその妥当性を失っていない。

「河野談話」に対する安倍晋三氏の見解と同談話をめぐる二〇〇七年政府答弁書の問題点について

は、本書一三〇～一三四頁に記したように、歴史的事実とは無関係に、この第一次安倍内閣の答弁書の「強制連行を直接示すような記述も見当たらなかった」という一節は、歴史修正主義者の中で「慰安婦の強制連行はなかった」という政府見解が示されたと歪曲された。そしてさらに「慰安婦は強制されたものではなく自由意志だ」、要するに「公娼と同じだ」、「合法的なものだった」、ついには「売春一般と同じだ」と曲解されていった。橋下徹・日本維新の会共同代表（当時）の発言もこの延長線上にあるものである。

2 「慰安婦＝合法」論の問題点

慰安婦問題に関する橋下発言をめぐっては、実に奇妙なことが起きた。橋下発言に対して、安倍内閣の閣僚である稲田朋美《ともみ》行革担当相（当時）が、発言の翌日、五月一四日の定例記者会見で「慰安婦制度は大変な女性の人権に対する侵害だ[6]」と語り、橋下氏を批判したのである。だが、当の稲田氏自身が、二〇一二年八月三一日に『産經新聞』に寄せた論説文の中では、「慰安婦問題については、強制連行した事実はない」「当時は慰安婦業は合法だった[7]」と堂々と記しているのである。橋下発言に対する世論の反応の激しさから批判せざるをえなくなったものの、実は稲田氏も橋下氏とまったく同じ歴史認識の持ち主だったというわけである。彼らの歴史認識というものは、このように、都合が悪くなると、いとも簡単に正反対のものに変化してしまうものなのである。

そもそも「慰安婦は合法」という見解は、慰安婦が当時の公娼制度に基づくものであるという誤解が基礎になっている。公娼＝娼妓《しょうぎ》は、一九〇〇年に制定された「娼妓取締規則」（内務省令第四四号）によって相当厳しく管理されていた。鑑札をもった登録業者だけが営業を許され、娼妓も登録された者だけに限定され、一八歳未満のものは娼妓になれなかった。年齢制限をしている理由は、「年齢ニ制限ヲ設ケサレハ思量ナキノ女子ニシテ他人ノ誘惑若クハ誘拐セラレテ娼妓トナリ一生ヲ誤ル者アルヲ以テナリ」(8)ということで、誘惑・誘拐によって娼妓にされることを防ぐためである。これが実効あるものであったかはさておき、制度の上では、公娼制度のもとにおいても自分の意志に反してだまされて娼妓にされることは違法とされていたのである。

戦地における慰安所は民営のもの、軍が直接に管理・運営するものがあったが、そこで働かされている慰安婦の多くが詐欺的手段（誘惑・誘拐）で連れてこられたことには、数え切れないほどの証言がある。慰安所の管理にあたっていた憲兵でさえ、「これだけ多数の女性だから、なかには強制的につれてこられた者も少なくないだろう」、「つぎつぎと開設される施設に、この種の女性が容易に補充されることも、まことに不思議であった」「かなりの人数をよくも動員できるものである」(9)と回想している者もいる。これは、公娼制度を前提にしても、慰安婦制度が決して「合法」であったとは言いがたいものであったことを示している。

また、軍が関与しつつも、制度外の「慰安所」「慰安婦」が存在していたことも明らかになっている。前述のインドネシアでの「スマラン事件」もそうであるが、中国戦線においても正式の慰安所が置かれない前線近くでは、ドキュメンタリー映画『ガイサンシーとその姉妹たち』に描かれた山西省の事例のように、駐屯した日本軍が現地の女性を監禁して（あるいは現地有力者から女性の提供をうけて）慰安婦にしていた。[10] 正規の「慰安婦」ではなく、日本軍が現地で拉致し、日本軍のトーチカ（砲や機関銃などをそなえた小拠点陣地）や近辺の民家などの中に長期間にわたって監禁して、日本軍将兵たちにほしいままに輪姦され続けた、文字通りの「性奴隷」であった。日本軍は、監禁した彼女たちに性暴力を続け、彼女たちがあまりの過酷な扱いに身体を壊せば治療するのではなく、いったんは家に帰し、回復すると再び拉致・監禁して、また身体を壊すまで性暴力を繰り返した。「慰安所」における正規の「慰安婦」も軍の監視下で監禁され、性暴力にさらされていたことには変わりないが、「ガイサンシー」とその「姉妹たち」のような、いわば非正規の「慰安婦」は、報酬はおろか、性病の検査や治療も、避妊の手だてもいっさいなされずに、しかも、憲兵の取り締まりも及ばない最前線のまったくの無法地帯で、いつ殺されるかもしれない極限状態におかれ続けたのである。

慰安所や慰安婦の話は、厳然たる歴史的事実であるにもかかわらず、歴史修正主義者にとってはまさに日本人の「誇りを傷つける」ものとみなされ、「強制連行」の有無の問題に矮小化《わいしょう》化され、その存在自体が隠蔽されようとしている。人間の誇りというものは、事実を見なかったり、事実を歪曲《わいきょく》することから生まれるものであってはならないはずだ。

三　「村山談話」排除のうごき

1　戦後七〇年「安倍談話」にむけて

村山談話とは、一九九五年八月一五日に村山富市首相がおこなった「戦後五〇周年の終戦記念日にあたって」と題した談話のことである。この談話の最重要部分は以下の一節である。

わが国は、遠くない過去の一時期、国策を誤り、戦争への道を歩んで国民を存亡の危機に陥れ、植民地支配と侵略によって、多くの国々、とりわけアジア諸国の人々に対して多大の損害と苦痛を与えました。私は、未来に誤ち無からしめんとするが故に、疑うべくもないこの歴史の事実を謙虚に受け止め、ここにあらためて痛切な反省の意を表し、心からのお詫びの気持ちを表明いたします。

前掲の『産經新聞』のインタビューで安倍首相は「村山談話」にも次のように言及している。

終戦50年を記念して当時の自社さ政権で村山富市元首相が出した談話だが、あれからときを経て21世紀を迎えた。私は21世紀にふさわしい未来志向の安倍内閣としての談話を発出したいと考えている。どういう内容にしていくか、どういう時期を選んで出すべきかも含め、有識者に集まってもらい議論してもらいたい(11)。

ここでは「村山談話」を直接的に否定はしていないが、少なくとも安倍氏が「村山談話」を「21世紀にふさわしい未来志向の」談話だとは思っていないことは明らかで、新しい談話を発出することで、「村山談話」を消し去りたい意図は隠せない。

2　安倍首相の「侵略」認識

二〇一三年四月二三日の参議院予算委員会において、自民党・丸山和也議員は、安倍首相に対して次のように質問している。弁護士の丸山氏も「村山談話」を消し去りたい一人であるようだ。

歴史認識問題に関して、戦後50周年に出された『村山談話』は、内容があいまいで、非常に問題だ。これについての評価がいろいろ分かれている。私は、これを読んで、非常に問題がある、最後から2段目について、3点問題あり。

①『遠くない過去の一時期』、これはいつを指しているのか？　いつからいつまでなのか？

②『国策を誤り』、どういう国策を誤ったのか？　どういう国策を取るべきだったのか？

③『植民地支配と侵略によって』、この植民地というのはいろいろな定義がある。イギリスのインド支配、日本の例えば、植民地といわれている日韓併合、国と国との合意によってなされたものもある。

以上、あいまいなまま、すみません、と、事なかれ主義で、ま、なかよくやりましょうよ、といった文章になっている。

こういう談話であっては、歴史的価値は、まったくない、と私は思う。これについて総理は、どう思われるか?[12]

丸山議員のこの質問に対して、安倍首相は、明らかに賛同して回答している。

丸山議員が質問された点は、まさにこれはあいまいな点と言ってもいいと思う。

特に、侵略という定義については、これは、学会的にも国際的にも定まっていないと言ってもいいんだろう、と思う。それは、国と国との関係においてどちらから見るかということにおいて、違うわけだ。そういう観点からも、そういう談話においては、そういう問題が指摘されているのは事実ではないかと思う。⒀

しかし、その後、前述した五月の橋下発言が内外に大きな波紋を広げると、歴史認識問題が選挙に不利と判断したためか、七月三日の党首討論では、「私は植民地支配、あるいは侵略をしていなかったということは言っていない。しかし、それを定義する立場にはない。そういう謙虚さが必要だ」と述べ、「侵略」について明確に述べないことが「謙虚」なことだという見解を示した。

政府は、この問題が広がることを懸念したのか、菅義偉《すがよしひで》官房長官が七月三日の記者会見で「公式には、首相も村山談話を引き継ぐと申し上げている」と述べ、首相の発言に村山談話を否定する意図はないとの考えを示したとされ⒁、いったんは「村山談話」継承ということになった。だが、これが安倍氏の本心でないことは明らかであろう。安倍氏にとっては、侵略とは「国と国との関係においてどちらから見るかということにおいて、違う」もの、つまり相手が「侵略だ」と言っても、「こちらから見ればちがう」ということだからだ。安倍氏はその著書の中で述べている。

その時代に生きた国民の視点で、虚心に歴史を見つめ直してみる。それが自然であり、もっとも大切なことではないか[15]。

その時代に生きた人間の視点で歴史を見るとは、一見もっともなように聞こえるが、これはその時代の多くの人たちは侵略として意識していなかったのだから、現代の私たちも侵略と考える必要がない、ということである。歴史というものに批判もなければ、反省も挟み込む余地がないという歴史認識である。安倍氏の著書『新しい国へ』（旧タイトル『美しい国へ』）を読んでも、日韓関係・日中関係や靖国問題については多くが述べられているが、日中戦争や朝鮮に対する植民地支配については、一言の言及もない。「侵略」はどう定義するかという問題ではなく、歴史的事実をどう認識するのかという問題のはずである。

四　「宮沢談話」（近隣諸国条項）の撤廃と靖国問題

1　近隣諸国条項撤廃へのうごき

政界の歴史修正主義者が消し去りたいものに「宮沢談話」がある。これは、鈴木善幸《ぜんこう》内閣当時の一九八二年八月二六日に発表された「『歴史教科書』に関する宮沢内閣官房長官談話」のことである。この談話は、文部省（当時）の教科書検定が、「侵略」を「進出」に書き換えさせたとされる事件に端を発した教科書問題の収拾のために出されたものである。その最も重要な部分は以下の通りである。

日本政府及び日本国民は、過去において、我が国の行為が韓国・中国を含むアジアの国々の国民に多大の苦痛と損害を与えたことを深く自覚し、このようなことを二度と繰り返してはならな

いとの反省と決意の上に立って平和国家としての道を歩んできた。〔中略〕
このため、今後の教科書検定に際しては、教科用図書検定調査審議会の議を経て検定基準を改め、前記の趣旨が十分実現するよう配慮する。

この談話をきっかけとして、教科書検定基準に「近隣のアジア諸国との間の近現代の歴史的事象の扱いに国際理解と国際協調の見地から必要な配慮がされていること」という「近隣諸国条項」を盛り込まれることになった。

自民党は、二〇一二年の総選挙の際の政権公約に「近隣諸国条項の廃棄」を掲げ、この公約を作った下村博文《はくぶん》議員は第二次安倍内閣に文部科学大臣として入閣した。

2　靖国問題との連動

「宮沢談話」と「近隣諸国条項」を消し去りたいという姿勢は、靖国問題とも結びついている。安倍首相は、二〇一三年四月二四日の参議院予算委員会において、韓国も中国も靖国を「ある日突然」抗議を始めたと強調し、次のように答弁している。

国のために尊い命を落とした尊いご英霊に対して、尊崇《そんすう》の念を表する、これは、あたりまえのことであり、わが閣僚においては、どんな脅かしにも屈しないその自由は確保している。これは、当然のことと思う。

このように、アジア諸国の靖国問題への批判を「脅かし」ととらえ、この問題があくまでも「国内問題」であるとして、あるいは国のために命を落とした人への「慰霊の問題」であるとして内外の批判を拒絶することは、戦争によって犠牲になったのが日本人だけでなかったことを、また軍人・軍属だけでなかったことをまったく忘却した論理である。

靖国神社とは、第七章でものべているが、一言で言えば、近代日本の膨張政策と戦争を精神的に支えた機関である。また、神道という特定の宗教にもとづいて戦死者の霊を祀っているところである。戦争と直結していた靖国神社の問題は、まさに戦争にからむ問題であり、戦争に密接に関わる以上、これは純粋な「国内問題」ではなく、あきらかに国際問題であるといえる。死者の慰霊をすること自体は自然の感情だが、それならば、戦争で亡くなった日本の軍人・軍属だけでなく、民間人や植民地・占領地の住民（場合によっては交戦国の将兵・民間人）をも含めて慰霊すべきである。靖国神社が祀っているのは、基本的に日本の軍人だけであり、沖縄戦や本土空襲（原爆を含む）で亡くなった民間人は除外されている。もちろん、アジア諸地域の戦争犠牲者を慰霊するような場ではない。また、故人の遺志にはかかわりなく、日本人のキリスト教信者や植民地時代の朝鮮人・台湾人も「日本兵」

として、神として合祀されている。安倍氏らの論理は、力説すればするほど、近隣諸国民の感情を逆なでするものである。

安倍氏は、外交の場で日本は、中国や韓国に繰り返し（安倍氏によれば、当時で二一回）「謝罪」をしているとしているが、[16] いくら言葉で「謝罪」しても、政治家の日常の言動が、それらの「謝罪」が本心からのものでないことを暴露してしまっているし、日本人は戦争や植民地支配のことを忘却し、後世に伝えようとしていないのだ、と諸外国の人々に疑念を抱かせる大本を作っている。そのことに安倍氏らが気づいているようには思えない。

五　「安倍談話」の歴史認識：その特徴と問題点

二〇一五年八月一四日、戦後七〇年の節目に内閣総理大臣談話＝「安倍談話」が発表された。前述したように、この談話は、安倍晋三首相が、ながらく政府を拘束してきた「村山談話」にかかわるものとして発出されたものである。「安倍談話」の歴史認識は、詭弁《きべん》に満ちたものである。

その詭弁の最たるものは、「村山談話」におけるキーフレーズである「植民地支配と侵略」を一般論としての「植民地支配」と「侵略」に分解した上で、「村山談話」とはまったく異なった文脈の中で、二つの言葉を使ったことである。「村山談話」では、「植民地支配と侵略」は不可分であり、それをおこなった主体が日本であることが明らかにされているので、「痛切な反省の意を表し、心からのお詫びの気持ち」にストレートにつながっていて極めて明快である。しかし、「安倍談話」では、「植民地支配」を帝国主義時代の一般的状況として語っており、さらに「日露戦争は、植民地支配のもとにあった、多くのアジアやアフリカの人々を勇気づけました」などという自画自賛の文脈の中で使用されている。ただ一ヵ所出てくる「侵略」にいたっては、「事変、侵略、戦争。いかなる武力の威嚇《いかく》や行使も、国際紛争を解決する手段としては、もう二度と用いてはならない」という、いったい誰による「侵略」なのか、意味不明な使い方である。

これらは「安倍談話」の詭弁性を示すだけでなく、その歴史観を明瞭に表している部分でもある。「安倍談話」では、第一次世界大戦後のワシントン体制までの日本は、世界の潮流に足並みを揃えていたが、世界恐慌に端を発する「経済のブロック化」が、「外交的、経済的な行き詰まり」を「力の行使によって解決しよう」とする方向に日本を進めたとしている。これは、明治・大正期の日本を〈成功〉、昭和戦前期の日本を〈失敗〉とみる、《近代史善悪二分史観》とでもいうべきもので、その典型は、第一章でみたように司馬遼太郎の歴史観である。このような歴史観で歴史をみる限り、明治期以来の膨張主義（それを支える軍事同盟）と昭和期の膨張主義の連続性はまったく見えてこない。植民地と勢力圏を拡張していこうとし続けた国家戦略のベクトルが分からない。

《近代史善悪二分史観》にもとづく「安倍談話」では、昭和期の侵略と戦争の拡大は、一時的に

「進路を誤り」とか「世界の大勢を見失って」といったことに、その原因が帰せられている。もちろん、軍部の独走を軽視することはできないが、日本の近代史を一貫した膨張主義の連続性という観点からみれば、ロシア脅威論に基づく、「利益線」とみなした朝鮮半島への膨張（侵略）路線にこそ、さらにその路線を軍事同盟（日英同盟）によって強化しようとしたことにこそ、すべての〈失敗〉の大本があるのである。〈成功〉だとみなされている時期にこそ、〈失敗〉の種が撒かれていたのである。

つまり、朝鮮半島の支配権と「満州」への影響力強化をめぐっておこなわれた日露戦争（その不可欠の大前提は日英同盟だった）は、その後の韓国の被保護国化・併合（植民地支配）へと、そして、韓国併合と同年の大逆《たいぎゃく》事件による国内反対勢力への弾圧へと道を開くものであった。日露戦争は、「植民地支配のもとにあった、多くのアジアやアフリカの人々を勇気づけました」などという日本の意図とはまったく別のところで評価するという皮相な見方ではなく、軍事同盟・植民地支配・国内弾圧（強化）という大きな潮流・構造の中で捉えるべきものである。日本が、韓国併合に進むにあたっては、第二次日韓協約（韓国の外交権を剥奪《はくだつ》）によって韓国の外交発信を封じておいて、日英同盟・桂タフト協定・日露協約・日仏協約などによって欧米諸国のアジアにおける「植民地支配」と勢力圏をすべて容認する代償として、日本の韓国支配（影響力の強化）を承認させるというやり方をとったこと、すなわち、日本は決して欧米の「植民地支配」の批判者などではなく、その模倣《もほう》者であったことこそが直視されなければならない。

「安倍談話」は「あの戦争には何ら関わりのない、私たちの子や孫、そしてその先の世代の子どもたちに、謝罪を続ける宿命を背負わせてはなりません」としている。この文言は、「次の世代は謝罪・反省などする必要がない」という意味あいで増幅・拡散される恐れがある。それは、「従軍慰安婦」の「強制性」に関する二〇〇七年政府答弁書が、あたかも「強制連行はなかった」と政府が認定した、「強制でなければ任意だった」、つまり「合法的だった」などと曲解の連鎖を生んだことを想起すれば十分である。また、「何ら関わりのない」とされる次世代の人々が、「世代を超えて、過去の歴史に真正面から向き合わなければなりません」と言われても、自分のこととして、自分に繋がっていることとして過去の「植民地支配と侵略」を考えられるだろうか。「安倍談話」の言う「謝罪」はきわめてネガティヴなニュアンスである。意味もわからず、自分にも関係ないことに「謝罪」するようなことは百害あって一利ないが、「謝罪」「反省」といったステップが、新しい関係を構築するための土台となるポジティヴなものとして、歴史の中で、次世代の人々も過去の出来事と繋がっており、その解決に加わる必要があるのだ、と捉えることが重要ではないかと思う。

六　戦後を否定する日本会議の虚構

1　明治時代への郷愁

政界における歴史修正主義の蔓延に、非常に大きな役割を果たしているのが、日本会議である。日本会議はその「設立宣言」で、「明治維新に始まるアジアで最初の近代国家の建設は、この国風の輝かしい精華であった」としながら、一方で「先人が培い伝えてきた伝統文化は軽んじられ、光輝ある歴史は忘れ去られまた汚辱《おじよく》され」ていると嘆いている。

つまり、明治維新の後、日清・日露戦争を経験した時代を成功の時代、栄光の時代と見なしている。極東の一小国であった日本が国際的な舞台に躍り出して、一定の存在感を占めるようになったのだから、それを国家の発展、成功の事例と理想化する認識が、彼らのベースにある。だから、「第二の敗戦」というような用語が使われるほど経済が低迷している今日、日本会議のような勢力は「大国」にのし上がっていった時代に郷愁を感じるのであろう。

しかし「大国」(当時は「一等国」と言った)となったとはいっても日本の場合、無理に無理を重ね、国民のたいへんな犠牲と隣国の植民地支配によって支えられていた事実を忘れてはならない。軍事大国にはなったものの、決して、身の丈にあったものではなかったのである。

ところがその事実が、ややもすれば忘れられがちである。敗戦直後に日本国民は、痛い目にあった戦争はもうこりごりだ、近代日本の膨張主義には問題があった——という意識を、思想というより皮膚感覚的に共有していたように思う。ところが一定の時間を過ぎるとそうした感覚は薄れ、表面的な歴史の現象だけを見て「栄光の明治」に心地よさを感じるようになっているのではないか。

日本国憲法の理念である平和主義は、ある意味で「日本が政治的な小国であってもいい」という考えを前提としている。これも大国になることのデメリット、リスクを、戦前の日本が嫌というほど味わったからであろう。しかし、その経験が、今や揺らいでいる。

実際、安倍晋三首相は二〇一五年八月の「終戦70年の談話」(いわゆる「安倍談話」)で、「日露戦争は、植民地支配のもとにあった、多くのアジアやアフリカの人々を勇気づけました」とこの戦争を持ち上げているが、それはとんでもないことだ。日露両国が戦争後、一九〇五年に結んだポーツマス条約の第二条には、ロシアは「(日本が)韓国に於いて政事上、軍事上及経済上の卓絶なる利益を有することを承認し」云々とあり、これによって韓国併合が可能になったのである。「勇気を与えた」どころの話ではない。

確かに日露戦争に勝利し、日本は「国際的地位」を高めたかもしれない。しかし、植民地支配というある意味では「一九四五年八月一五日」に到る破局への道を進み始め、国内的には大逆事件のように、自由な言論を圧殺する体制が、対外軍事行動とセットでできあがった。

2　偽造された「伝統」

そもそも、いくら日本会議が日清・日露戦争を「光輝ある歴史」と美化しようが、日本が大陸へ膨張主義をとれたのは、世界史的に見ても中国が極めて例外的に弱体化していた時代だからである。清朝の末期から欧州列強の侵略を受けたが、中国は遊牧民族に支配された時期はあっても、こうした事例は歴史的に他にない。中国が弱体化、混乱していたからこそ、日本はそこに付け入って朝鮮半島を植民地化し、「満州」に侵攻することができたにすぎないのである。

さらに日本会議は、「先人が培い伝えてきた伝統文化」と重要視しているが、多くの場合、明治時代を理想化するあまり当時作られたものを「伝統」と見なしているにすぎない。日本会議の「設立宣言」には「天皇を国民統合の中心と仰ぐ国柄」という表現もあるが、江戸時代など前近代の歴史を見ればその認識は誤りで、明治政府が国民に押しつけた「国柄」であったことがわかる。

そのためか、日本会議の有力メンバーは、おしなべて天皇の「生前退位」に反対し、中にはこれを

「事実上の国体の破壊に繋がる」などと主張する論者もいる。しかし、歴史上、天皇の譲位は普通におこなわれ、女性の天皇も存在した。「伝統」を強調するなら、日本会議は「生前退位」に賛成しなければならないだろう。それができないのは、天皇を絶対化した明治政府が「生前退位」と女性天皇を否定したからである。

このように、「伝統」とは言っても、近代国家を作るために明治政府が都合良く再編成した「伝統」なのであって、日本の歴史全体からすると例外的なものばかりである。そこに舞い戻ろうというわけだから、明らかに無理がある。

にもかかわらず、日本会議には「ナショナリスト」のような主張が目立ち、その「綱領」には「国の栄光と自主独立を保持」するとあり、「設立主意書」には、「独立国家としての国民の気概は薄れ」ていると、現状を見なしている。

これらの文書には、なぜか「対米従属」についてはまったく触れていないが、歴史的に日本の近代は「自主独立」どころか、超大国追随の歴史であった。明治時代は日英同盟を結び、次に自分でやろうとしてうまくできなくて、結局ドイツ・イタリアと三国同盟を締結して失敗する。戦後は日米同盟であるが、虎の威を借りるように、超大国を後ろ盾にしながら自国の存在感を強めていく――という点で、戦前も戦後も一貫しているといえる。

3　米国に助けられた右派

こうした「俺の後ろには強いのが付いてるぞ」という威嚇外交は、デメリットも大きい。強い国と組むということは、逆に言えば多くの「敵」を作りかねない。しかもそのようなことをやっているうちに、「強い国」との間で対等の外交ができない体質になってしまう。現在の対米従属は、その典型であろう。

ところが一方で日本会議は東京裁判を目の敵にし、「自主憲法制定」を唱えるという矛盾した思考に陥っている。確かに東京裁判自体は、決して完全に公平なものではなかった。これは、米国主導で戦後の日本の国家指導層を再編成するための、「日米合作による儀式」であったのである。その際、米国と一緒にやっていけないと見なされた、陸軍の主流派、すなわち三国同盟と中国侵略の推進派がバッサリと切り捨てられた。

一方で、戦犯容疑者にはなったけれど、起訴されなかった人々が多くいた。典型的なのが、安倍首相の祖父である岸信介であり、児玉誉士夫《よしお》や笹川良一といった右翼であった。彼らは戦後も米国と一緒にやれると見なされ、米国に命を救われた人々である。

米国に助けてもらった存在だという事実がわかったら身もふたもないので、「占領憲法打破」とか、

「東京裁判史観の蔓延は、諸外国への卑屈な謝罪外交を招き」（日本会議設立主意書）などといったように、ことさら米国の占領時代を否定的に描く。これは戦後の右派の恥部を隠す、一つのレトリックにすぎない。

同じ敗戦国でもドイツの場合、ナチスのやったことは全面的に否定して、戦後に再出発した。しかし日本はそれができず、ずるずると戦前と戦後の断絶が曖昧なまま今日まできてしまった。「何が否定されるべきなのか」という点で徹底できず、歴史の清算を先送りしてきているのである。

その結果、今日の日本会議のような勢力が跳梁跋扈する時代を招き、「ナショナリズム」が高揚して「反日」などという戦前の「非国民」まがいの、一つの価値観で国民を選別する用語が蔓延するようになった。こうした風潮は、非常に危険である。やはり正確な歴史認識を持たないと、「光輝ある歴史」といった宣伝に足元をすくわれかねない。いまこそ、近現代史の正しい理解と歴史修正主義の克服が必要になっているのではないだろうか。

おわりに――改憲・「教育再生」と歴史修正主義――

自民党や日本維新の会などの改憲派は、ほぼ共通して歴史修正主義的な歴史観をもっている。したがって、自民党の「憲法草案」（二〇一二年版）も色濃くその歴史観が反映されたものになっている。

例えば、天皇条項に、天皇が象徴でありながら、同時に「元首」であることをもりこんだり、国旗（日章旗）・国歌（君が代）・元号を憲法の条文で規定しようとしたり、また、特に国旗・国歌の「尊重」を明文化しようとするなど、相当に復古調である。また、権利・自由にいちいち「公益及び公の秩序に反しない限り」という限定をつけるところなどは、まさに大日本帝国憲法（欽定《きんてい》憲法）の「安寧秩序を妨げざる限り」とまったく同じ発想である。いや、明治憲法を起草した伊藤博文《ひろぶみ》は、公権力の濫用を抑えることが憲法の役割であることは認識していたのであるから、公権力の濫用防止、行き過ぎをおさえる歯止めの思想の欠如しているように見える自民党憲法草案は、思想としては明治憲法以下のレベルということになるかもしれない。少なくとも人権思想・立憲主義思想の世界的潮流に逆行するものであることは確かである。

政界に広がる歴史修正主義は、「河野談話」「村山談話」「宮沢談話」の修正・抹消を狙いつつ、侵略・植民地支配に目を向けない、そういった歴史的事実は「自尊心を傷つける」ものとしてなかったことにしようとする教育内容と教育現場を作ろうとするものである。こうした教育は、改憲後の国防軍のある国家を支える人材を育成するものとして構想されている。改憲・軍拡・「教育再生」が一体のものとして進められようとする時、歴史的事実を追放する歴史修正主義がそうした動きの土台をつくる役割を果たしつつあるように思われる。

注

（1）安倍晋三『新しい国へ――美しい国へ　完全版――』（文春新書、二〇一三年）二〇四頁。本書は、〇六年に刊行された安倍氏の『美しい国へ』（文春新書）に、『文藝春秋』一三年一月号に掲載された「新しい国へ」を増補したものである。本章における引用は、新著に基づいている。

（2）同前。

（3）同前、二〇九頁。

（4）『自由民主』第二五三二号。自由民主党ホームページに掲載（二〇一三年七月一二日閲覧）。

（5）「河野談話」「村山談話」「宮沢談話」の全文は、外務省ホームページ等で閲覧することができる。

【URL】「河野談話」http://www.mofa.go.jp/mofaj/area/taisen/kono.html

「村山談話」http://www.mofa.go.jp/mofaj/press/danwa/07/dmu_0815.html

「宮沢談話」http://www.mofa.go.jp/mofaj/area/taisen/miyazawa.html

（6）内閣府ホームページ会見議事録【URL】http://bit.ly/132auyW（二〇一三年七月一〇日閲覧）。

（7）『MSN産経新聞』二〇一二年八月三一日【URL】http://on-msn.com/17sAngy（二〇一三年七月一〇日閲覧）。

（8）米田富次郎『警察三大法令正解』（明倫館、一九〇〇年）一四二頁。国立国会図書館近代デジタルライブラリー「娼妓取締規則」【URL】http://kindai.ndl.go.jp/info:ndljp/pid/790912/75

（9）山川一生『憲兵伍長ものがたり』（光人社NF文庫、二〇一二年）八七頁・一〇四頁所収の中川公平憲兵兵長（中国湖北省・漢口憲兵分隊所属）からの聞き取り記録。

（10）【単行本】班正義『ガイサンシーとその姉妹たち』（梨の木舎、二〇〇六年）、【ＤＶＤ】班忠義監督『ガイサンシーとその姉妹たち』（〇七年）。このドキュメンタリー映画については、山田朗「『ガイサンシー（蓋山西）とその姉妹たち』――〝現地調達〟された『慰安婦』たちの絶望―」『シネ・フロント』第三五二号（二〇〇七年二月号）を参照されたい。

（11）【URL】http://sankei.jp.msn.com/politics/news/121231/plc12123102070001-n3.htm（二〇一三年七月一〇日閲覧）。

（12）国会会議録参議院予算委員会平成二五年四月二三日【URL】http://kokkai.ndl.go.jp/cgi-bin/KENSAKU/（二〇一三年七月一〇日閲覧）。

（13）同前。

（14）【URL】http://www.yomiuri.co.jp/politics/news/20130704-OYT1T00227.htm（二〇一三年七月一〇日閲覧）。

（15）前掲『新しい国へ――美しい国へ　完全版――』三〇頁。

（16）同前、一五四頁。

あとがき

本書のまえがきで述べたように、改憲問題は歴史認識問題としての性格を多分に有している。近代日本の歩みをどう見るか、とりわけ対外膨張・戦争・植民地支配とそれと表裏一体の関係をなす言論・社会運動への抑圧をどう捉えるのか、戦争と抑圧の反省の産物としての日本国憲法をどう評価するのか、戦後七〇年以上にわたって憲法九条の平和主義を支持してきた多くの日本人の思いをどう認識するのか、憲法をどうするのかという議論は、現代社会と人間を作ってきた過去をどう見るのかという問題ときわめて密接に結びついている。

憲法を変えるということは、これからの社会と人間をどう作っていくのか、その根本的な指針を変えるということである。それだけに、改憲という判断は、私たちの歴史的経験に裏打ちされた慎重な検討に基づいてなされる必要がある。

このように考えると、未来をどう作るかという営みは、過去をどう見て、その過去をどう生かし、反省するのかというところから始まるものである。過去と切り離されたところに、現在も未来もないということであるが、過去は、現在と未来を拘束する絶対的な宿命ということでも、過去の単純な延長線上に未来があるというわけでもない。このような過去があるから、現在と未来が自動的に決定されてしまうというものでなく、人類は、過去に学んで現在と未来に生かし、それを変革・進歩させていくという英知を有している。つまり、どのような過去があるにせよ、そこから何を学ぶかということで、現在と未来は大きく変わるということである。

だが、問題は、過去から何を学ぶかということである。幕末・開港から始まる近代日本の歴史は、アジア太平洋戦争終結の一九四五年という時点で、三〇〇万人以上の日本人と二〇〇〇万人以上ともいわれるアジアの人々を犠牲にするという未曽有の失敗に行き着いた。これは、日本側の主観的意図をどのように強弁しようとも、失敗というほかないものであろう。

しかしながら、歴史修正主義に見られるように、歴史的事実を直視せず、見たくない事実をなかったことにしてしまったり、歴史に対する反省を「自虐」などと揶揄したりすることは、結局のところ歴史から何も学ばず、内外の数知れない犠牲者の〈命〉と被害者の〈声〉を無視する行為ではないだろうか。また、かつての「司馬史観」の焼き直しともいえる「明治一五〇年史観」のように、近代日本の失敗の源を見極めようとせず、明治時代の表面的な理解（例えば、日露戦争は日本の国際的地位を向上させたといった評価）で、その時代を礼賛することは、明治時代の真の理解を妨げるばかりか、成功した明治、失敗した昭和という単純な理解を流布させるものである。大切なことは、成功に見えたものが、何故に失敗へと転化していくのか、成功だと考えられていたもの、失敗そのものの中身の検討である。

政界においては、「改憲に前向き」とされる勢力が、衆議院の三分の二を占めるにいたっており、今後、九条改憲を軸とした改憲論議はいよいよ活発になるだろう。憲法をどうするか、という議論にあたっては、「改憲問題は歴史認識問題である」ということが重要な柱の一つになることを切に願って本書を締めくくりたい。

なお、本書の企画・編集・執筆にあたっては、新日本出版社の田所稔氏に多くのアドバイスをいただいた。末筆ながら御礼を申し上げたい。

山田　朗

日本の戦争　略年表

1853（嘉永6）	7.	ペリー浦賀に来航（1854日米和親条約）
63（文久3）	8.	薩英戦争
64（元治1）	9.	四国艦隊下関砲撃事件
67（慶応3）	11.	大政奉還
68（明治1）	1.	戊辰戦争（〜1869.5）
	3.	五箇条の誓文
71（〃4）	2.	薩長土より御親兵（後の近衛兵）徴集
72（〃5）	2.	陸・海軍省を設置
73（〃6）	1.	徴兵令公布
	10.	征韓論争
74（〃7）	2.	佐賀の乱
	5.	**台湾出兵**
76（〃9）	2.	日朝修好条規
	10.	神風連の乱・秋月の乱・萩の乱
77（〃10）	2.	西南戦争（〜9）
78（〃11）	8.	竹橋事件
	12.	参謀本部設置
79（〃12）	4.	琉球処分（沖縄県設置）
82（〃15）	1.	軍人勅諭発布
	7.	壬午軍乱
84（〃17）	12.	甲申事変
89（〃22）	2.	大日本帝国憲法公布

90	（〃23）	10.	教育勅語
94	（〃27）	8.	**日清戦争**（〜1895．4）
95	（〃28）	4.	下関条約　独仏露三国干渉　**台湾征服戦争**
1900	（〃33）	3.	治安警察法公布
		6.	義和団鎮圧に陸軍派遣（**北清事変**）
02	（〃35）	1.	**日英同盟**（**第1次**）調印
04	（〃37）	2.	**日露戦争**（〜1905．9）
		8.	第1次日韓協約調印
05	（〃38）	9.	ポーツマス講和条約調印　日比谷焼き打ち事件
		11.	第2次日韓協約・桂タフト協定
06	（〃39）	2.	韓国統監府設置
		11.	南満州鉄道株式会社設立
07	（〃40）	7.	第3次日韓協約　**日露協約**（**第1次**）調印
10	（〃43）	5.	大逆事件
		8.	**韓国併合**
14	（大正3）	7.	**第1次世界大戦**（〜1918）
		8.	日本政府、大戦に参戦（対独宣戦布告）
15	（〃4）	1.	対華21か条要求
18	（〃7）	7.	米騒動
		8.	**シベリア出兵**（〜1922）
19	（〃8）	6.	ベルサイユ条約（第1次大戦講和条約）調印
21	（〃10）	11.	ワシントン会議（〜1922）
		12.	四カ国条約調印・日英同盟廃棄
22	（〃11）	2.	九カ国条約・ワシントン海軍軍縮条約調印

23（〃12）	9.	関東大震災
25（〃14）	4.	治安維持法
27（昭和2）	3.	金融恐慌
	5.	**第1次山東出兵**
	6.	東方会議開催（対中国強硬政策の決定）
28（〃3）	4.	**第2次山東出兵**
	6.	**張作霖爆殺事件**
	8.	パリ不戦条約調印
29（〃4）	10.	世界恐慌始まる
30（〃5）	4.	ロンドン海軍軍縮条約調印、統帥権干犯問題おこる
31（〃6）	9.	柳条湖事件（**満州事変**始まる）
32（〃7）	1.	第1次上海事変
	3.	**「満州国」建国宣言**
	5.	5・15事件
33（〃8）	2.	関東軍、熱河作戦
	3.	国際連盟脱退
	5.	塘沽停戦協定
34（〃9）	12.	ワシントン条約の単独廃棄決定
35（〃10）	6.	梅津・何応欽協定・土肥原・秦徳純協定
36（〃11）	2.	2・26事件
	8.	「国策の基準」（五相会議）を決定
	12.	海軍軍縮条約失効
37（〃12）	7.	**盧溝橋事件**（**日中全面戦争**始まる）
	8.	第2次上海事変

	12.	日本軍、南京占領
38（〃13）	1.	「国民政府を対手とせず」政府声明
	4.	国家総動員法
	7.	**張鼓峰事件**
39（〃14）	5.	**ノモンハン事件**
	9.	**第2次世界大戦**（～1945）
40（〃15）	9.	**北部仏印進駐　日独伊三国同盟調印**
41（〃16）	4.	日ソ中立条約調印
	6.	独ソ戦争始まる
	7.	**南部仏印進駐**
	12.	**アジア太平洋戦争**始まる
42（〃17）	6.	ミッドウェー海戦
	8.	ガダルカナル戦（～1943.2）
43（〃18）	5.	アッツ島玉砕、御前会議「大東亜政略指導大綱」を決定
	11.	大東亜会議・学徒出陣
44（〃19）	6.	マリアナ沖海戦
	7.	サイパン島陥落
	10.	レイテ決戦（～12）・「神風特攻隊」
45（〃20）	3.	沖縄戦（～6）
	8.	広島・長崎に原爆投下、ソ連参戦、**ポツダム宣言受諾（無条件降伏）**
46（〃21）	5.	極東国際軍事裁判（東京裁判～1948.11）
51（〃26）	9.	サンフランシスコ講和条約調印（1952.4発効）

初出一覧

第一部　近代日本はどんな戦争をおこなったのか

第一章　日露戦争とはどういう戦争だったのか

「韓国併合」百年と日本の進路 日露戦争とはどういう戦争だったのか（上）

『前衛』第八五五号、二〇一〇年四月号

「韓国併合」百年と日本の進路 日露戦争とはどういう戦争だったのか（下）

『前衛』第八五六号、二〇一〇年五月号

文体を変更し、加筆・修正した。

第二章　満州事変と「満州国」の実態：「五族協和」と治安維持

満州事変と「満州国」の実態：「五族協和」と治安維持（特集 満州国とは何だったのか）

『歴史地理教育』第七七八号、二〇一一年八月号

第三章　日中戦争と南京事件の真実

一　アジア太平洋戦争の原因・重要な構成要素としての日中戦争

日中戦争開戦80年にあたっての歴史認識の再構築

『歴史地理教育』第八六六号、二〇一七年七月号

二　日中戦争の性格を浮き彫りにする南京事件の真実

南京事件70年
「映画人9条の会」主催講演会、二〇〇七年一二月八日、同会ホームページ掲載は二〇〇八年二月八日
文体変更・全面改稿

第二部　今、問われる歴史認識と戦争責任

第四章　真珠湾攻撃とは何であったのか
真珠湾攻撃とは何であったのか：今問われる歴史認識
『前衛』第九四六号、二〇一七年四月号

第五章　戦争責任論の現在と今後の課題
戦争責任論の現在と今後の課題
『歴史評論』第七八四号、二〇一五年八月号

第六章「植民地支配と侵略」の計画性と国家の責任
「植民地支配と侵略」の計画性と国家の責任
『経済』第二三九号、二〇一五年八月号

第三部　歴史修正主義をどのように克服するか

第七章　日本は過去とどう向き合ってきたか
日本は過去とどう向き合ってきたか
『Sai』二〇一五年夏号

初出一覧

文体変更、全面改稿（第八章との重複個所を削除）

第八章　政界における歴史修正主義

一〜四

政界における歴史修正主義

『前衛』第八九九号、二〇一三年九月号

五　「安倍談話」の歴史認識：その特徴と問題点

書き下ろし

六　戦後を否定する日本会議の虚構

戦後を否定する日本会議の虚構

『週刊金曜日』第二四巻第四六号、二〇一六年一二月二日号

文体変更、加筆修正。

山田 朗（やまだ あきら）
1956年、大阪府生まれ。
明治大学文学部教授、歴史教育者協議会委員長。
主な著書
『日本帝国主義の満州支配』（共著、時潮社、1986年）『沖縄戦』（共著、青木書店、1987年）『昭和天皇の戦争指導』（昭和出版、1990年）『大元帥・昭和天皇』（新日本出版社、1994年）『軍備拡張の近代史 』（吉川弘文館、1997年）『外交資料 近代日本の膨張と侵略』（編、新日本出版社、1997年）『昭和天皇の軍事思想と戦略』（校倉書房、2002年）『大本営陸軍部上奏関係資料』（編、現代史料出版、2005年）『歴史教育と歴史研究をつなぐ』（編、岩波書店、2007年）『歴史認識問題の原点・東京裁判』（編著、学習の友社、2008年）『日本近現代史を読む』（共著、新日本出版社、2010年。増補改訂版、2019年）『これだけは知っておきたい日露戦争の真実』（高文研、2010年）『陸軍登戸研究所〈秘密戦〉の世界』（編、明治大学出版会、2012年）『日本は過去とどう向き合ってきたか』（高文研、2013年）『兵士たちの戦場』（岩波書店、2015年）『近代日本軍事力の研究』（校倉書房、2015年）『昭和天皇の戦争』（岩波書店、2017年）『日本の戦争Ⅱ：暴走の本質』（新日本出版社、2018年）『日本の戦争Ⅲ：天皇と戦争責任』（新日本出版社、2019年）など多数。

日本《にほん》の戦争《せんそう》：歴史認識《れきしにんしき》と戦争責任《せんそうせきにん》

2017年12月8日 初 版
2020年4月10日 第7刷

著 者 山田 朗
発行者 田所 稔

郵便番号 151-0051 東京都渋谷区千駄ヶ谷4-25-6
発行所 株式会社 新日本出版社
電話 03（3423）8402（営業）
03（3423）9323（編集）
info@shinnihon-net.co.jp
www.shinnihon-net.co.jp
振替番号 00130-0-13681

印刷・製本 光陽メディア

落丁・乱丁がありましたらおとりかえいたします。

ISBN978-4-406-06188-9 C0021 Printed in Japan